Einsame Gipfel und Grate

Michael Reimer

Wer nach vielen Jahren alle namhaften Hausberge à la Walter Pause bereits mehrfach bestiegen hat, verspürt irgendwann den Drang, etwas Neues entdecken zu wollen. Oft zieht es einen in die Ferne, um neue Gipfelwelten zu erkunden. Bergsteigen in den Süd- oder Westalpen. Inselwandern auf Island, den Kanaren oder Kapverden. Hochgebirgstrekking in den Anden oder im Himalaya. Um dann mit endlos vielen spannenden Erlebnissen und Eindrücken im Rucksack wieder in seine Heimat zurückzukehren …

Dabei ist es ein Trugschluss, dass man eben diese Heimat wie seine viel zitierte Westentasche kennt. Dass man all die Berge seiner „Kragenweite" schon bestiegen hat. Und dass es neben den Standardtouren sowieso keinen Spielraum mehr für neue Erkundungen gibt. Zur Prüfung dieser These nehme man sich eine topographische Wanderkarte einer beliebigen Region zur Hand, betrachte sie kritisch und suche nach neuen möglichen Ausflugszielen. Nach reizvollen, versteckten Wegen und Pfaden. Nach einsamen Gipfeln und Graten!

Genau so ist die Idee zu diesem Buch entstanden. Entweder abgelegene Bergziele auf unmarkierten oder gar weglosen Routen zu besteigen. Oder den einen oder anderen etwas bekannteren Gipfel quasi durch die Hintertür zu erklimmen. Oder manchen Skitourenklassiker im Sommer anzupeilen. Oder aber eine namhafte Tour im Winter durchzuführen, wenn sich meterhohe Schneewechten auf den Gipfelgraten türmen. Der Mix aus intensivem Kartenstudium, langjähriger Erfahrung und auf-lebendem Pioniergeist hat letztlich zu der bunten Mischung jener Touren gesorgt, die gleichermaßen in die bayerischen und Tiroler Alpen führen.

An dieser Stelle darf der Hinweis nicht fehlen, dass dieser Wanderführer nur für geübte Berggeher geeignet ist. Zwar hält sich der technische Anspruch in Grenzen, da die Kletterpassagen den ersten Schwierigkeitsgrad kaum überschreiten und auch nur wenige Stellen wirklich ausgesetzt sind. Aber viele Routen verlaufen abseits der markierten Wege und erfordern somit neben Trittsicherheit und Schwindelfreiheit ein hohes Maß an Eigenverantwortung und alpiner Erfahrung! Ohne Geländeüber-blick und Orientierungsvermögen wächst das Gefahrenpotential vor allem in steilen Bergregionen.

Wer aber die genannten Tugenden mitbringt, den werden die vorgestellten Touren sehr viel Freude bereiten. Auch deshalb, weil man sich unterwegs abseits des Trubels der Natur ein gutes Stück näher fühlt. Man entdeckt seltene Pflanzen, die einem auf ausgetrampelten Normalwegen verborgen bleiben. Man begegnet vom Steinbock bis zur Kreuzotter Tieren, die man sonst eher selten zu Gesicht bekommt. Schwammerlfreunde freuen sich über unverhoffte Steinpilz- und Pfifferlingfunde. Und von den Gipfelgraten genießt man in aller Ruhe die phantastischen Panoramablicke …

Viel Spaß beim Erkunden, Erleben und Genießen wünscht
Michael Reimer

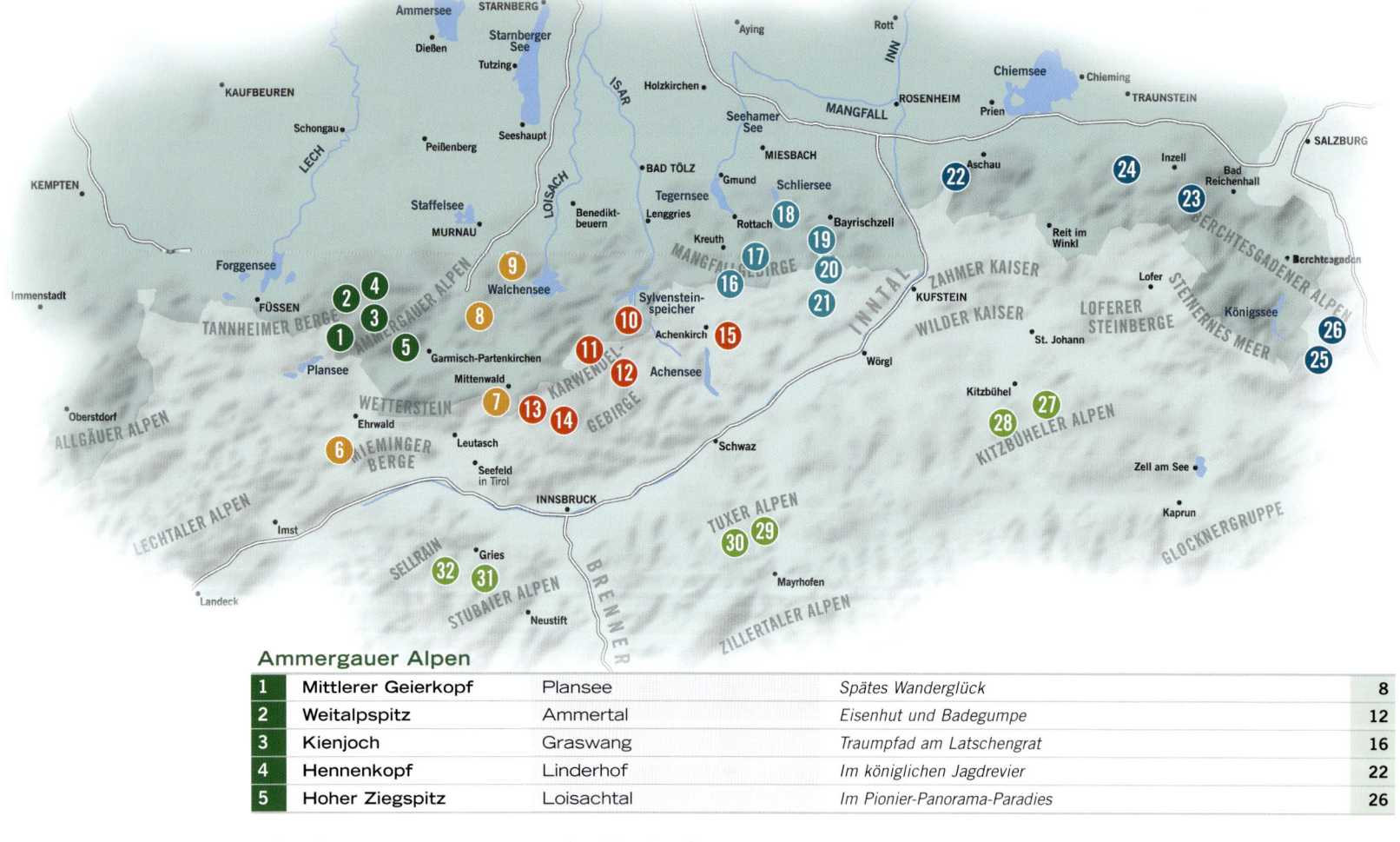

Ammergauer Alpen

1	Mittlerer Geierkopf	Plansee	*Spätes Wanderglück*	8
2	Weitalpspitz	Ammertal	*Eisenhut und Badegumpe*	12
3	Kienjoch	Graswang	*Traumpfad am Latschengrat*	16
4	Hennenkopf	Linderhof	*Im königlichen Jagdrevier*	22
5	Hoher Ziegspitz	Loisachtal	*Im Pionier-Panorama-Paradies*	26

Mieminger Berge, Wetterstein, Werdenfelser Land

6	Hochwannig	Biberwier	*Fernblick bis zum Piz Palü*	32
7	Obere Wettersteinspitze	Mittenwald	*Bergpredigt und Badeeinheit*	38
8	Ölrain	Eschenlohe	*Auf bewaldetem Grat*	42
9	Heimgarten	Walchensee	*Klassiker mit Schneewechten*	46

Karwendel, Rofan

10	Stierjoch	Fall	Grandioser Gratverlauf	50
11	Bayerkarspitze	Oswaldhütte	Der Soiernspitze entgegen	56
12	Torkopf	Hinterriss	Edelweiß an Felskulisse	60
13	Rotwandlspitze	Scharnitz	Rundweg auf der Sonnenseite	64
14	Hoher Gleirsch	Scharnitz	Endlose Kare, Wände und Grate	70
15	Hochunnutz	Achensee	Sturm, Eis und Wechten	76

Mangfallgebirge

16	Platteneck	Wildbad Kreuth	Bequeme Aussichtskanzel	82
17	Risserkogel	Kreuth	Winterliches Wanderglück	86
18	Lahnenkopf	Schliersee	Viel Wald, wenig Aussicht	90
19	Maroldschneid	Ursprungtal	Durchschlupf durch die Latschengasse	92
20	Wildenkarjoch	Ursprungsattel	Deutscher Enzian am Wiesengrat	96
21	Veitsberg	Landl	Freier Blick zum Alpenhauptkamm	100

Chiemgauer Berge, Hagengebirge

22	Zinnenberg	Priental	Anstieg für Wegpioniere	106
23	Gamsknogel	Jochberg	Alpine Lustgefühle	110
24	Strohnschneid	Steinbergalm	Am Ableger des Hochfelln	114
25	Großes Teufelshorn	Königssee	Hirschröhren in der Röth	118
26	Windschartenkopf	Königssee	Karstlandschaft und Höhlenreichtum	126

Kitzbüheler Alpen, Tuxer Alpen, Sellrain

27	Gebra	Oberaurach	Kühnes Horn mit sanfter Südseite	130
28	Kleiner Rettenstein	Aschau	Steilgrasiger Gipfelkamm	136
29	Hoher Kopf	Innerst	Gebetsfahnen am Gipfelkreuz	140
30	Hobarjoch	Innerst	Viele Stunden Einsamkeit	144
31	Roter Kogel	Lüsenstal	Zirbenwald, Schafweide, Weitblick	148
32	Zischgeles	Praxmar	Moos-Steinbrech auf Glimmerschiefer	152

Tabellarisches Inhaltsverzeichnis **U2**

Vorwort **2**

Orientierung im Gelände 6

Faszination Alpenpanorama 7

Impressum 158

Index 160

Zugspitze 2962 m
Wetterspitzen 2746 m
Ehrwalder Sonnenspitze 2417 m
Plattenspitzen 2681 m
Wamperter Sch...
2520 m

Orientierung im Gelände

Panoramablick in Richtung Wetterstein und Mieminger Berge vom Gipfel des Hochwannig

Wie im Vorwort erwähnt, spielt die Orientierung im alpinen Gelände bei Touren abseits markierter Wege eine wichtige Rolle. Von wenigen Ausnahmen abgesehen (Hoher Gleirsch, Lahnenkopf, Maroldschneid, Hobarjoch und Roter Kogel) sind die Wanderungen so ausgewählt, dass die Hauptschwierigkeiten in der Wegfindung oder Querfeldeinpassagen mit Erreichen des Gipfels abgeschlossen sind. Auf diese Weise kann man bei schlechten Bedingungen (z. B. Schnee oder Schlechtwetter) an Schlüsselstellen rechtzeitig umkehren, ohne in Gefahr zu geraten. Und man erspart sich etwaigen Stress im Abstieg, wenn die Beine langsam schwer, der Kopf müde und die Zeit unter Umständen knapp wird.

Grünstein 2661 m
Östliche Griesspitze 2747 m
Westliche Griesspitze 2741 m
Hohe Munde 2662 m

Faszination Alpenpanorama

Da die meisten Wanderungen auf Gipfelgraten oberhalb der Waldgrenze verlaufen, genießt man unterwegs oft herrliche Panoramablicke. Die elf an markanten Aussichtsgipfeln fotografierten Bergpanoramen (Übersicht siehe Tabelle Umschlag U2) sind auch der Grund, diesen Wanderführer im Querformat herauszubringen. Auf diese Weise kann man die phantastische Gipfelwelt besser auf sich wirken lassen und sich schon einmal auf die bevorstehende Wanderung einstimmen.

● Jede Wanderung wird hinsichtlich der Wegfindung, des technischen Anspruchs und der Kondition mit Sternen bewertet (Übersicht siehe Tabelle Umschlag U2). Je mehr Sterne vergeben werden, desto höher ist der Anspruch in der entsprechenden Kategorie. Bei der Wegfindung etwa bedeuten drei Sterne, dass die Orientierung im Gelände teilweise schwierig ist oder längere Passagen weglos verlaufen.

    *   einfach / gering
    **   mittel
    ***   anspruchsvoll

● Schlüsselstellen, meist vor weglosen Passagen und unmarkierten Pfaden, sind im jeweiligen Routenkasten und in der Wanderkarte zwecks Orientierungshilfe mit einem **!** Ausrufezeichen versehen.

● Weglose oder nur mit Pfadspuren versehene Passagen sind in der Wanderkarte orange gekennzeichnet.

● Einzelne Touren-Varianten sind blau gekennzeichnet.

Touren mit Übernachtung

Die Wanderungen im Hagengebirge (Tour 25 + 26), in den Kitzbüheler Alpen (Tour 27 + 28), Tuxer Alpen (Tour 29 + 30) und im Sellrain (Tour 31 + 32) bieten sich jeweils als Kombination mit einer Übernachtung vor Ort an; wahlweise auf einer Berghütte (Wasseralm im Hagengebirge und Weidener Hütte in den Tuxer Alpen) oder im Tal.

Spätes Wanderglück

Gratbegehung an den Geierköpfen

Ein Samstag Ende November. Nach zwei massiven Wintereinbrüchen hat die unnatürlich milde Witterung den Schnee bis auf über 2000 Meter Höhe wieder zum Schmelzen gebracht. Eine unverhoffte Gelegenheit, den Geierkopfgrat doch noch zu begehen, bevor Schnee und Frost endgültig Einzug halten. Wenn auch nur bis zum kreuzgeschmückten Hauptgipfel als vermutliche Letztbegeher eines wetterlaunischen Jahres …

Rückblick auf den Gratverlauf zwischen West- und Mittelgipfel der Geierköpfe. Die beiden Wanderrinnen haben die abschüssige Schlüsselstelle gerade passiert; links im Bild der verschneite Südgrat (Abstieg).

Noch grandioser ist die Tour, wenn man die Geierköpfe im Trio besteigt, also dem Grat noch bis zum Ostgipfel folgt. Dabei wird das Gelände allerdings noch etwas luftiger, eine kurze Passage im zweiten Schwierigkeitsgrad erfordert Umsicht und etwas Klettervermögen. Einzelne Steinmandl und Pfadspuren weisen den Weg, der meist knapp unterhalb der Gratkante verläuft. Wer vom Adrenalin beseelt dann immer noch nicht genug hat, kann als Zugabe noch die Kreuzspitze besteigen und anschließend durch das Hochgrießkar absteigen. Ein sattes Unternehmen von über 2000 Höhenmetern und elf Stunden Gehzeit …

Dieses Mal aber begnügen wir uns mit zwei Gipfeln und einer reizvollen Variante im Abstieg. Erster landschaftlicher Höhepunkt ist der Aufstieg durch das wildromantische Teufelstal. Vom Parkplatz windet sich der idyllische Pfad ohne Vorgeplänkel durch steile Wiesenhänge empor, dann quert er in nun flacherem Waldgelände mehrere Bachläufe, die den Teufelstalbach mit Wasser speisen. An der schön gelegenen Zwerchenbergalpe, wo Teufelstal- und Planseeroute aufeinandertreffen, bietet sich eine Trinkpause an.

Mit der Sonne im Rücken geht es in die Latschenzone, Hohlgassen führen durch das Dickicht hindurch. Am Kreuz-

jöchl hat man besten Einblick in unsere Abstiegsvariante: Der vom Gratkopf unterhalb des Mittelgipfels herabziehende Südgrat ist gut zu erkennen; ebenso die freie Wiese, die rechts der Schrofen direkt nach unten führt. Die unteren Felsen werden dann rechts umgangen. Flacher ist die Route direkt am Grat entlang, doch hier bieten die Latschen größeren Widerstand. Wer sich den Querfeldein-Abstieg nicht zutraut, kehrt auf dem Normalweg, der in Gratnähe neben einer kleinen Höhle auch eine einfache Klettereinlage zu bieten hat, vom Westgipfel zum Kreuzjöchl zurück.

Der Westgipfel ist vor allem an schönen Herbsttagen gut besucht. Deutlich einsamer geht es auf dem höheren Hauptgipfel zu. Anfangs wandert man mit Blick auf die Kreuz- und Zugspitze genussvoll stets am Grat entlang. Hinter dem auffälligen Gratkopf folgt die Schlüsselstelle der Überschreitung: Man steigt rechts eine bröselige Felsstufe hinab und quert etwas ausgesetzt in eine kleine Scharte. Nach der Bewältigung eines steilen Schotterfeldes führt der Pfad an markanten Felsblöcken vorbei zum aussichtsreichen Gipfel. Beim Abstieg ist Vorsicht am steilen Schotterfeld geboten, das oberhalb einer Felswand verläuft. Auf dem Gratkopf erkennt man unseren nach Süden abzweigenden Nebengrat; da dieser im oberen Teil recht steil ist, empfiehlt es sich, auf dem Verbindungsgrat zum Westgipfel bis zur tiefsten Stelle zurückzukehren und dann den Südhang zum Nebengrat zu queren. Wir verlassen den Grat vor Erreichen der Latschenzone rechts über eine steile Wiese. Am unteren Ende der Wiese halten wir uns links und finden zwischen Latschen und Felsen den Durchschlupf zu jenem Steig, der uns zum Kreuzjöchl hochführt. Von dort geht es auf der Aufstiegsroute zur Zwerchenbergalpe zurück.

Im Dämmerlicht passieren wir die sumpfige Hochfläche am Zwerchenberg und steigen zum Plansee ab, der uns wie ein norwegischer Fjord zu Füßen liegt. Der Steilhang kommt erosionsbedingt immer wieder ins Rutschen, einzelne Passagen müssen umgangen werden. Die riesige Schuttreiße am Fuß des Berges erinnert nicht nur im Schein des Mondes an einen Gletscherstrom. Im Lichtkegel unserer Stirnlampen erkennen wir einzelne Ahornbäume. Gut, dass wir an der Musteralm ein zweites Auto deponiert haben, um uns die lästige Teerpassage zum Ausgangsort zu sparen.

Der felsige Mittelgipfel ist auch ein willkommenes Fotomotiv ...

Anfahrt

Auto A 95 Richtung Garmisch-Partenkirchen, B 2 nach Oberau, B 23 nach Ettal, Abzweig Schloss Linderhof und Ammertal kurz nach Ortsende. Kleiner, versteckter Parkplatz gut 2 km nach Passieren des Ammerwald-Hotels

Charakter

Der Anstieg zum Westgipfel verläuft auf markierten Wegen und ist unschwierig. Deutlich anspruchsvoller (I) ist der leicht ausgesetzte Gratübergang zur Mittelspitze. Der Abstieg vom Grat zu dem den Südhang querenden Steig ist steil und weglos, hier gute Geländeübersicht vonnöten! Nach kurzem Gegen-anstieg zum Kreuzjöchl steiler Abstieg vom Zwerchenberg zum Plansee. Trittsicherheit und am Grat Schwindelfreiheit erforderlich.

Variante

Im Sommer lohnt bei guten Bedingungen die Gratüberschreitung bis zum Ostgipfel (kurze Kletterstellen II) und vom Joch der Abstieg nach Norden über die Neualpe in das Ammerwaldtal.

Hinweis

Wer sich den lästigen Asphalthatscher auf der Talstraße sparen will, sollte am Plansee oder im Ammerwaldtal (siehe Variante) ein Auto (sofern in der Gruppe unterwegs) oder Fahrrad deponieren.

Route

Parkplatz Teufelstal → **Zwerchenbergalpe (2 Std.)** → **Geierkopf Westgipfel (3 ¼ Std.)** → **Geierkopf-Hauptgipfel (3 ¾ Std.)** → **Kreuzjöchl (4 ½ Std.)** → **Zwerchenbergalpe (5 Std.)** → **Parkplatz Plansee (6 ¼ Std.)** → **Parkplatz Teufelstal (7 Std.)**

Vom Parkplatz (Ww. Geierköpfe) auf schmalem Pfad den steilen Wiesenhang empor und später gemütlich durch das schöne Teufelstal zur **Zwerchenbergalpe** → halblinks auf dem markierten Steig durch Wald, Latschenhohlgassen und ab **Kreuzjöchl** in Gratnähe (leichte Kletterstelle) zum **Westgipfel** → ❚ Übergang zum **Hauptgipfel** auf deutlich erkennbarem Pfad entlang des Grates: zunächst leicht abwärts nach Osten, dann über einen Gratkopf mit luftiger Querung zum Gipfelaufbau und über ein steiles Schotterfeld zum Kreuz → Rückweg über den **Gratkopf** bis zum tiefsten Punkt des Verbindungsgrates → ❚ den Grat scharf links verlassen und zum Südgrat des Gratkopfes queren (Trittspuren) → ❚ auf dem Nebengrat direkt bis zum Latschenfeld hinab → ❚ vor der kleinen Anhöhe rechts steil über die freie Wiese und links an geeigneter Stelle zwischen Latschen und Felsen zum Wanderweg hinab → auf markiertem Steig zum **Kreuzjöchl** empor → Abstieg über die **Zwerchenbergalpe** in Richtung Plansee → in der Geländemulde am Zwerchenberg Abzweig nach rechts (kurzer Gegenanstieg, Ww. Plansee) → Abstieg durch steiles Wald- und Schrofengelände → am Forstweg links zum **Plansee** und ggf. auf der Fahrstraße zum Parkplatz zurück

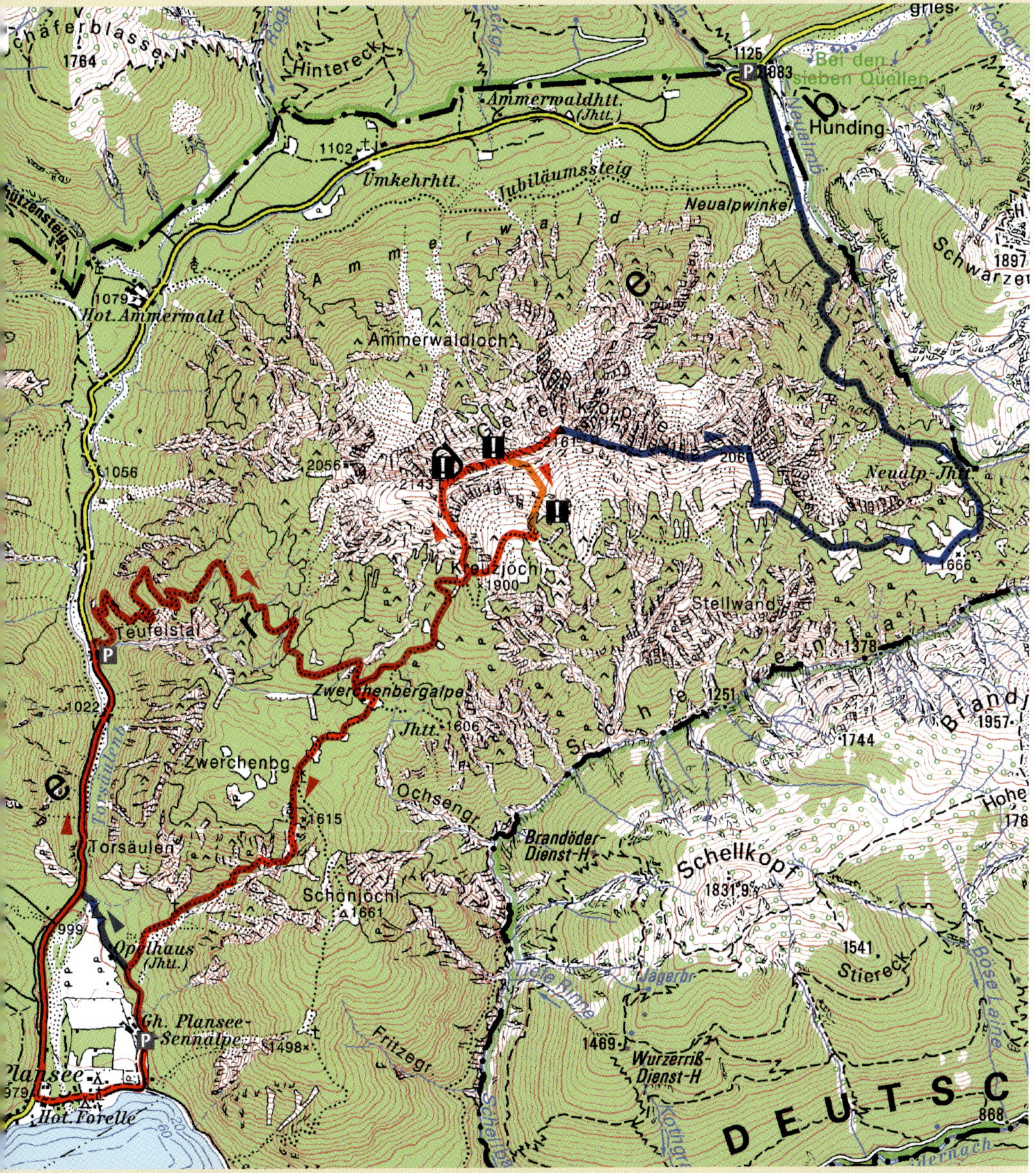

Am Westgipfel ist es zwar etwas windig, aber für
Ende November noch angenehm mild.

11

Der Blaue Eisenhut erreicht respektable Höhen.

Eisenhut und Badegumpe

Überschreitung des Weitalpspitz

Cool, geruhsam, kleines Kreuz, keine Schwammerl, fette Gämse. In dieser Reihenfolge fasst der zwölfjährige Lorenz den Aufstieg auf den Weitalpspitz zusammen. Im Gegensatz zum Pilzmesser kommt sein Feldstecher an diesem klaren Sommertag rege zum Einsatz. Weshalb er zum Beispiel die Wohlgenährtheit der Gämse auf Anhieb erkennt. Und Wanderer, die der Ammergauer Hochplatte entgegenstreben. An der gegenüberliegenden Kreuzspitze hingegen ist gar nichts los. Während der Brotzeit studiert er die Einträge im Gipfelbuch und amüsiert sich über Klaus Börner, offenbar Dauergast auf dem Weitalpspitz. Doch an diesem Tag ist Klaus Börner nicht da. Wir sind allein.

Lorenz lebt vor, dass der Weitalpspitz auch für Kinder ein lohnendes Ausflugsziel darstellt. Dabei stehen am Gipfel die spannendsten Abenteuer noch bevor: Der teils ausgesetzte Latschenpfad über den Nordgrat zum Weitalpjoch, der weitere Abstieg durch das zerklüftete Roggenbachtal, die Erfrischung am von der Hochblasse herabstürzenden Wasserfall und der Sprung vom Bachfelsen in die einladende Badegumpe. Letztere liegt unmittelbar unter der Bachbrücke im Talgrund. Wer von dieser Stelle wenige Minuten bachaufwärts wandert, erreicht eine versteckt gelegene zweite Gumpe. Auch hier stürzt ein Wasserfall über eine Felsstufe hinab und übertönt alle anderen Geräusche.

Neben dem erfrischenden Sprung in die Badegumpe gibt es noch ein zweites Argument, die Wanderung an einem warmen Sommertag durchzuführen: die vielseitige Alpenflora oberhalb der Waldgrenze. Der Blaue Eisenhut etwa entfaltet sich nur im Juli und August, und bereits beim Aufstieg zur Weitalm ist das tief dunkelblau blühende Hahnenfußgewächs in großen Kolonien anzutreffen. Es wächst so hoch, dass sich Lorenz problemlos hinter dem traubenähnlichen Blütenknäuel verstecken könnte. Allzu eng sollte er mit der Pflanze jedoch nicht auf Tuchfühlung gehen, denn sie gilt als die giftigste Mitteleuropas; allein durch Berührung kann sich die Haut entzünden. Auch die Kugelige Teufelskralle ist eine typische Hochgebirgspflanze – das Glockenblumengewächs erreicht Höhen von bis zu einem halben Meter. Prägnant ist der köpfchenförmige Blütenstand, der sich meist aus über zwanzig blauen Einzelblüten zusammensetzt und von der Form her an eine Kugel erinnert. Ferner stößt man unterwegs unter anderem auf mehrere Enzianarten.

*Blütenzauber beim
Aufstieg zur Weit-Alpe (l.)*

*Abstieg vom Weitalpspitz
in Richtung Ammergauer
Hochplatte (r.)*

Anfahrt

Auto A 95 Richtung Garmisch-Partenkirchen, B 2 nach Oberau, B 23 nach Ettal, Abzweig Schloss Linderhof und Ammertal kurz nach Ortsende. Parkmöglichkeit 1,6 km nach Bewältigung der Serpentinensteigung

Charakter

Einfache Bergwanderung, die nur beim Abstieg zum Weitalpjoch etwas Trittsicherheit und Schwindelfreiheit erfordert. In diesem Abschnitt und meist auch beim Anstieg ist man so gut wie unter sich. Großartiger Landschaftswechsel zwischen Bergwald, Gipfelgrat und Bachschlucht.

Einkehr

Ammerwaldalm (1120 m); Trinkwasser im Roggenbachtal (Wasserfall an der Hochblasse)

Route

Ammerwaldtal → Weitalm (1 ½ Std.) → Weitalpspitz (2 Std.) → Weitalpjoch (2 ¼ Std.) → Badegumpe Roggenbachtal (3 ½ Std.) → Ammerwaldalm (3 ¾ Std.) → Parkplatz Ammerwaldtal (4 Std.)

1,6 km nach der Straßenserpentine führt rechts ein Forstweg in den Wald → **!** nach der ersten Kehre ca. 70 m auf dem Forstweg bleiben, dann rechts Abzweig Waldsteig (rote Markierung) → durch zunehmend lichten Wald zur **Weitalm** → steiler Wiesen- und Latschenpfad in Gratnähe zum **Gipfel** → Abstieg am Nordgrat Richtung Hochplatte → an der Steilstufe links in die Grashänge ausweichen und eben zum Grat zurückkehren → vom **Weitalpjoch** beschilderter Abstieg durch das **Roggenbachtal** → **!** Badegumpen an der Brücke im Talgrund → im Wald links zur **Ammerwaldalm** und 800 m entlang der Straße zum Parkplatz

Lorenz meistert den Wurzelsteig ...

*... und springt
ganz cool in die
kühle Gumpe!*

Traumpfad am Latschengrat

Über Kieneckspitz zum Kienjoch

Es gibt nur ganz wenige unmarkierte Bergpfade, die sich so spielerisch und zielsicher durch Waldgürtel und Latschenfelder winden wie bei unserem langen Aufstieg von Graswang auf das Kienjoch. Oberhalb der Waldgrenze öffnet sich eine wunderschöne Gratlandschaft mit luftigen Abgründen und weitreichenden Panoramablicken. Ein Eldorado für den stillen Genießer, der die kurzen Kraxelstellen mit ein wenig Bergerfahrung problemlos meistert.

Auch abgesehen von der Gratbegehung bietet die Wanderung viel Abwechslung und Erlebnis auf engstem Raum. Selbst dann, wenn nicht wie bei uns herbstlich kalter Morgennebel über dem Graswangtal liegt, der beim Aufstieg durch den Wald durchbrochen wird und urplötzlich den Blick auf die benachbarten Ammergauer Berge freigibt. Der Einstieg ist nicht schwer zu finden: Nach Passieren der Stürz-Diensthütte muss man nur dem Wegweiser „Kuhalmstraße" nach rechts in den Wald folgen und etwas oberhalb den Forstweg leicht versetzt überqueren. In der kühlen Nordostflanke gewinnt man rasch an Höhe, bevor sich das Gelände zurücklehnt und der Baumbestand lichter wird. Zuletzt steil über Schutt erreicht man den Geländepunkt 1855 mit Blick auf den weiteren Gratverlauf.

Es folgt ein landschaftlich großartiger Wegabschnitt in Nähe der Gratkante. Vor allem nach Osten bricht das Gelände teilweise jäh ab, aber die wenigen Felspassagen sind griffig und mit Umsicht gut begehbar. Im weiteren Verlauf wendet sich der Grat genau nach Süden, mit Blick auf die Werdenfelser Gipfelwelt und Schloss Linderhof fühlt man sich wie der König der Berge. Bald erreicht man den Kieneckspitz, eine unbedeutende Latschenkopferhebung ohne Gipfelkreuz, aber mit viel Wärme und versteckten Brotzeitnischen. Der Weiterweg zum benachbarten Kienjoch führt über leichte

Schrofen in eine kleine Einsattelung, bevor der Schlussanstieg zum begrasten Gipfel erfolgt.

Auf dem Kienjoch gibt es zwar Sitzbänke, doch die sind bei schönem Bergwetter meistens von jenen Wanderern belegt, die den Berg von der sanfteren Südseite auf dem gut markierten Steig erklimmen. Der Panoramagenuss lässt keine Wünsche offen: Großartig ist der Blick auf die Kreuzspitze und den Frieder im Westen, im Süden zeigt sich der Wettersteinkamm mit Dreitorspitzen, Alpspitze und Zugspitze. Am Windstierlkopf, im Vordergrund erkennbar, lässt sich die Gratwanderung über Felderkopf und Brünstelskopf bis zur Notkarspitze fortsetzen; eine gestandene Tagestour, die sehr gute Kondition voraussetzt ...

Die Gipfel zwischen Kieneckspitz und Notkarspitze bilden aus der Vogelperspektive ein leicht deformiertes Oval, aus dessen nördlicher Öffnung die Kuhalpenschlucht nach Graswang zieht. Nach Erreichen der Kuhalmen offenbart der Abstieg durch die Schlucht ein würdiges Finale dieser äußerst kurzweiligen Wanderung: Erst sprudelt das Wasser des Kuhalpenbachs in großzügigen Kaskaden vor sich hin, dann stürzt es in freiem Fall eine Felswand herab. In diesem Bereich verengt sich das Tal zu einer tief eingeschnittenen Klamm, in die der Wanderer auf dem mit Drahtseilen gesicherten Steig hinabsteigt.

Solch eine wundervolle Gratbegehung macht auch Kindern Spaß! Im Hintergrund der Sonnenberggrat am Pürschling und das Hörnle.

Daniel 2342 m Parseierspitze 3036 m Friederspitz 2049 m Frieder 2053 m Thaneller 2341 m Schellschicht 2053 m Kreuzspitze 2088 m Kreuzspitze 2185 m

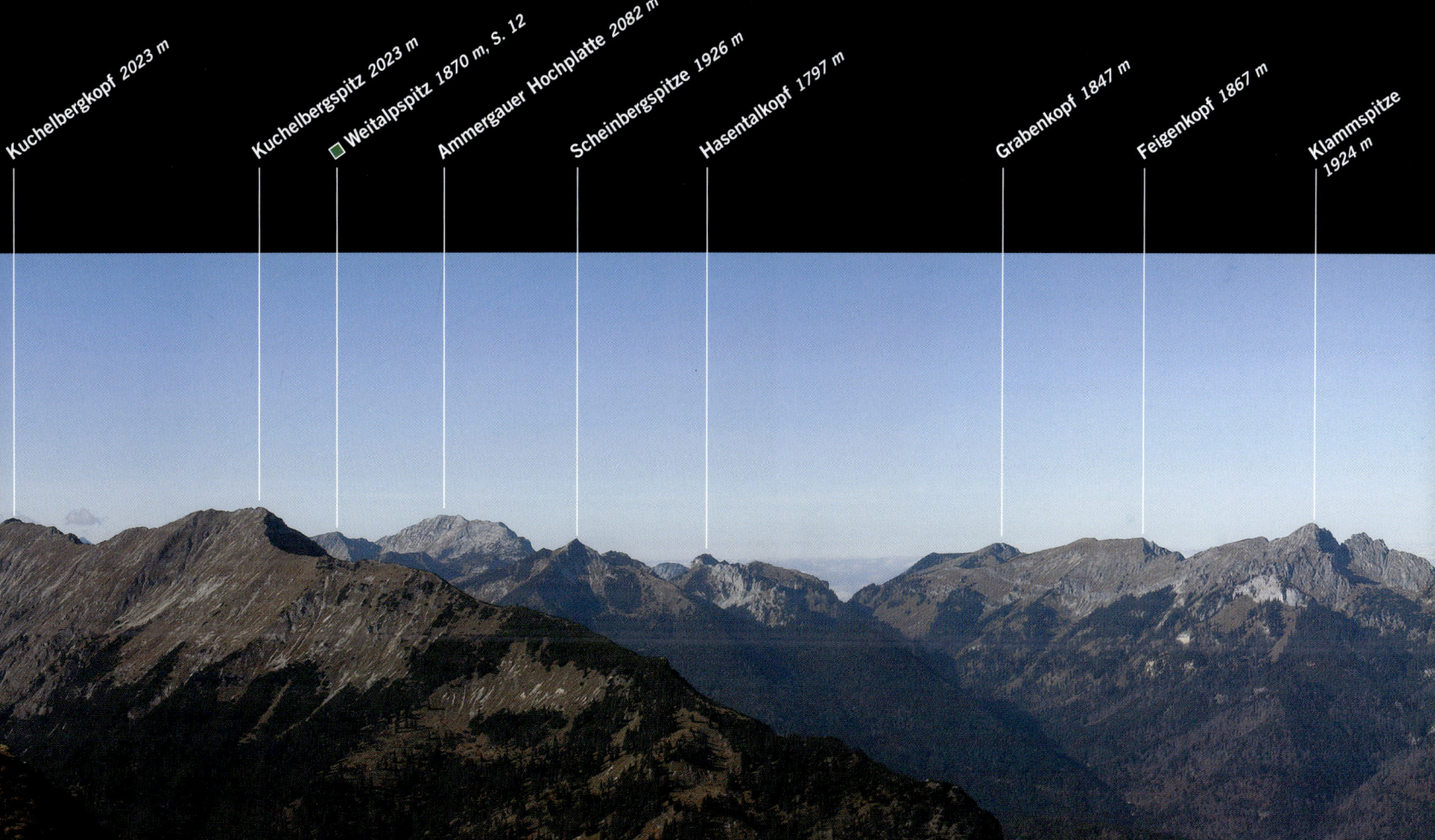

Kuchelbergkopf 2023 m

Kuchelbergspitz 2023 m

Weitalpspitz 1870 m, S. 12

Ammergauer Hochplatte 2082 m

Scheinbergspitze 1926 m

Hasentalkopf 1797 m

Grabenkopf 1847 m

Feigenkopf 1867 m

Klammspitze 1924 m

Anfahrt

Auto A 95 Richtung Garmisch-Partenkirchen, B 2 nach Oberau, B 23 nach Ettal, Abwzeig nach Graswang, Parkplatz am Ortseingang

Charakter

Nach dem teils steilen Waldaufstieg folgt eine landschaftlich überaus reizvolle Gratbegehung über den Kienekspitz zum Kienjoch. Keine Orientierungsprobleme bei der Wegfindung, aber Trittsicherheit bei ausgesetzten Stellen vonnöten. Schöner Abstieg bis zur Kuhalm und durch die reizvolle Kuhalmbach-schlucht.

Einkehr

Graswang; Ettaler Mühle (Tal)

Abendstimmung im Ammertal bei Graswang

Route

Graswang → Stürz-Diensthütte (¼ Std.) → Grat P. 1855 (2 ½ Std.) → Kienekspitz (3 Std.) → Kienjoch (3 ½ Std.) → Kuhalm (4 ¾ Std.) → Kuhalmbach-schlucht (5 Std.) → Graswang (6 Std.)

In **Graswang** über die Bachbrücke und auf dem Teerweg über Dickelschwaig Richtung Kienjoch → ⚠ im Wald nach der **Stürz-Diensthütte** rechts in den Pfad (Ww. Kuhalmstraße) → ⚠ Forstweg überqueren und weiter auf dem teils steilen Pfad bis zur Kammhöhe **(P. 1855)** → an der latschenbedeckten Gratschneide (abschüssige Stellen) auf gutem Pfad zum **Kienekspitz** → nach kurzem Abstieg Gegenanstieg über den steilen Grashang zum **Kienjoch** → Abstieg auf der Südseite auf gut markiertem Weg → an der kleinen Scharte vor dem Windstierlkopf links zur **Kuhalm** hinab → steiler Waldabstieg zum **Kuhalpbach** → durch die eindrucksvolle Schlucht zur Stürz-Diensthütte und nach **Graswang**

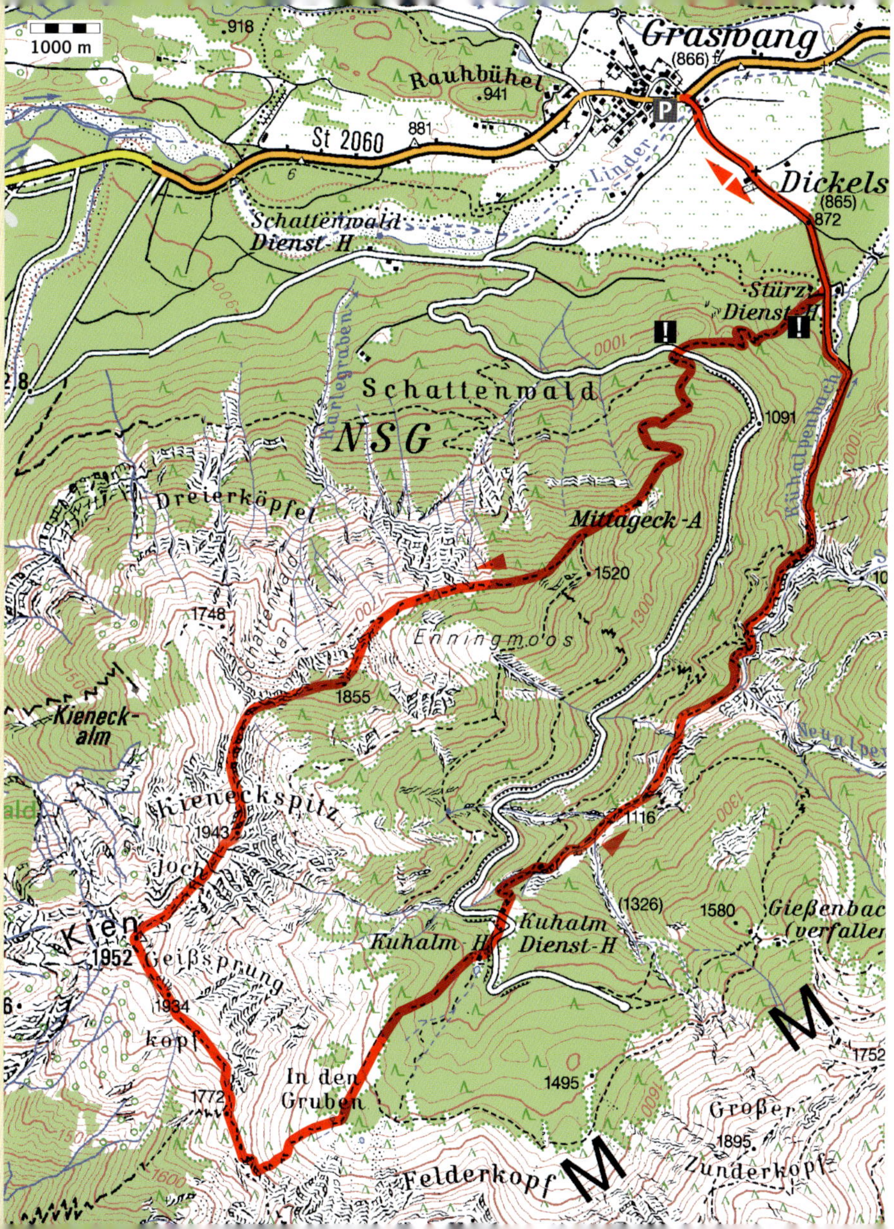

Dem Nebel entronnen: Aufstieg im sogenannten Schattenwald

Im königlichen Jagdrevier
Vier Gipfel über dem Graswanger Tal

Mit Dreisäuler Kopf, Hennenkopf, Laubeneck und Teufelstättkopf reihen sich am Verbindungskamm zwischen Brunnenkopfhäusern und Pürschlinghaus gleich vier Gipfel aneinander. Obwohl die Berge nicht allzu hoch sind, weisen sie teilweise bemerkenswert schroffe Felswände auf. In diesem aussichtsreichen Wald-, Wiesen- und Schrofengelände gibt es reichlich Wild. Das weckte einst den Jagdtrieb König Ludwigs, der sich regelmäßig im „allerliebst gebauten Jagdhaus", die heutige Pürschlinghütte, einquartierte.

Der Weg zu den Brunnenkopfhäusern beginnt am oberen westlichen Parkplatz von Schloss Linderhof. Bei frühem Aufbruch bekommt man vom Schlossrummel der Touristen nicht viel mit. Der erste Teil des Anstiegs verläuft durch Wald am rauschenden Bach im Dreisäuler Graben entlang. Später zieht der Weg in Serpentinen den lichter werdenden Hang empor. Die Brunnenkopfhäuser liegen nicht direkt auf der Strecke, doch allein aufgrund des schönen Klammspitzenblicks lohnt der kurze Abstecher; Gipfelsüchtige können von hier noch den Brunnenkopf „mitnehmen" – eine kleine Zugabe von gut 100 Höhenmetern …

Östlich der AV-Hütte quert der Fernwanderweg E 4 in Richtung Pürschling. Ein schmaler Pfad zweigt von hier zum Dreisäuler Kopf ab. Im Vergleich zu den nachfolgenden Gipfeln bietet er zwar keine markante Aussicht, doch der idyllische Routenverlauf allein ist diesen Abstecher wert. Der zweite Ausreiß vom Fernwanderweg erfolgt mit der Besteigung des Hennenkopfs. Der Steig windet sich den steilen Grashang empor und führt zuletzt von Norden durch felsiges Terrain zum 1768 Meter hohen Gipfel, der nach Süden luftig abbricht. Streckenmäßig ist hier Halbzeit, großartig der Rundblick auf die Tagesroute. Und auf die Ammergauer Alpen mit dem Wettersteinkamm im Hintergrund.

Vom Gipfel steigt man ein Stück weit entlang der Aufstiegsroute hinab und folgt an der Südseite des Hennenkopfs links dem Pfad in Richtung Osten. Bis zum Teufelstättkopf verläuft die Route stets in Kammnähe und bietet je nach Wegverlauf phantastische Ausblicke nach Norden und Süden. Nächstes Ziel ist das Laubeneck, das auf Steigspuren über abschüssige Wiesen und Schrofen überschritten wird. Alternativ wandert man auf dem Pfad nordwärts um den Berg herum. Beim Übergang zum Teufelstättkopf muss noch ein schattiger Steilhang gequert werden, bei Schnee oder Nässe ein nicht ungefährliches Unterfangen; eine drahtseilgesicherte Rinne führt zum felsigen Gipfel.

Nach dem lohnenden Abstecher folgt der rasche Abstieg zum Pürschlinghaus.

Wer wie wir Ende Oktober nicht rechtzeitig den Absprung schafft, dem droht beim Abstieg die Dunkelheit. Nach anfäng- licher Hangquerung geht es links durch steiles, teilweise fels- durchsetztes Gelände hinab. Später taucht der Weg in dichteren Wald und führt an einer Bezäunung entlang im Bogen zum Parkplatz zurück.

*Am Gipfelkreuz
des Hennenkopfs*

Anfahrt

Auto A 95 Richtung Garmisch-Partenkirchen, B 2 nach Oberau, B 23 nach Ettal, Abzweig über Graswang nach Linderhof. Gebührenpflichtiger Parkplatz am Schloss, Fahrzeug so weit wie möglich links oben abstellen.

Charakter

Diese lange Panoramatour lebt von den vielen Landschaftswechseln und erfordert neben guter Kondition insbesondere am Laubeneck und Teufelstättkopf auch Trittsicherheit.

Einkehr / Übernachtung

Brunnenkopfhäuser (1570 m), Tel. 01 75 - 654 01 55, Mai bis Oktober; Pürschlinghaus (1554 m), Tel. 0 88 22 - 35 67, täglich 7–22 Uhr, im November und nach Ostern je 3 Wochen geschlossen

Route

Linderhof → Brunnenkopfhäuser (1 ¾ Std.) → Dreisäulerkopf (2 ¼ Std.) → Hennenkopf (3 ¼ Std.) → Laubeneck (4 Std.) → Teufelstättkopf (4 ½ Std.) → Pürschlinghaus (5 Std.) → Linderhof (6 ¾ Std.)

Vom Wanderparkplatz auf dem Wirtschaftsweg erst am kaskadenartigen Dreisäuler Bach entlang, dann rechts in Kehren zu den **Brunnenkopfhäusern** → von der AV-Hütte ein Stück zurück und links Steig in Richtung Pürschling (Fernwanderweg E 4) → 🛑 den Steig links auf deutlichem Pfad verlassen und über den bewaldeten Südwestrücken auf den unscheinbaren **Dreisäulerkopf** → Abstieg auf oder nahe der Kammhöhe zum markierten Steig und den sonnigen Wiesenhang nach Osten queren → links den beschilderten Wiesenpfad und über eine kleine Felsstufe von Norden auf den **Hennenkopf** empor → die Felsstufe wieder abwärts und links den Steig am Südhang des Hennenkopfs hinab → Anstieg teils durch Latschen zum **Laubeneck**, das wahlweise überschritten oder nordseitig umgangen wird → nach kurzem Abstieg (abschüssiges Gelände!) Anstieg zu einer Einsattelung mit Abstecher zum **Teufelstättkopf** → Abstieg zum **Pürschlinghaus** → von der Hütte dem Fernwanderweg Richtung Brunnenkopfhäuser folgen, dann links Steig Richtung Linderhof → an der Weggabelung rechts am Wildzaun entlang und links Steig zum Parkplatz

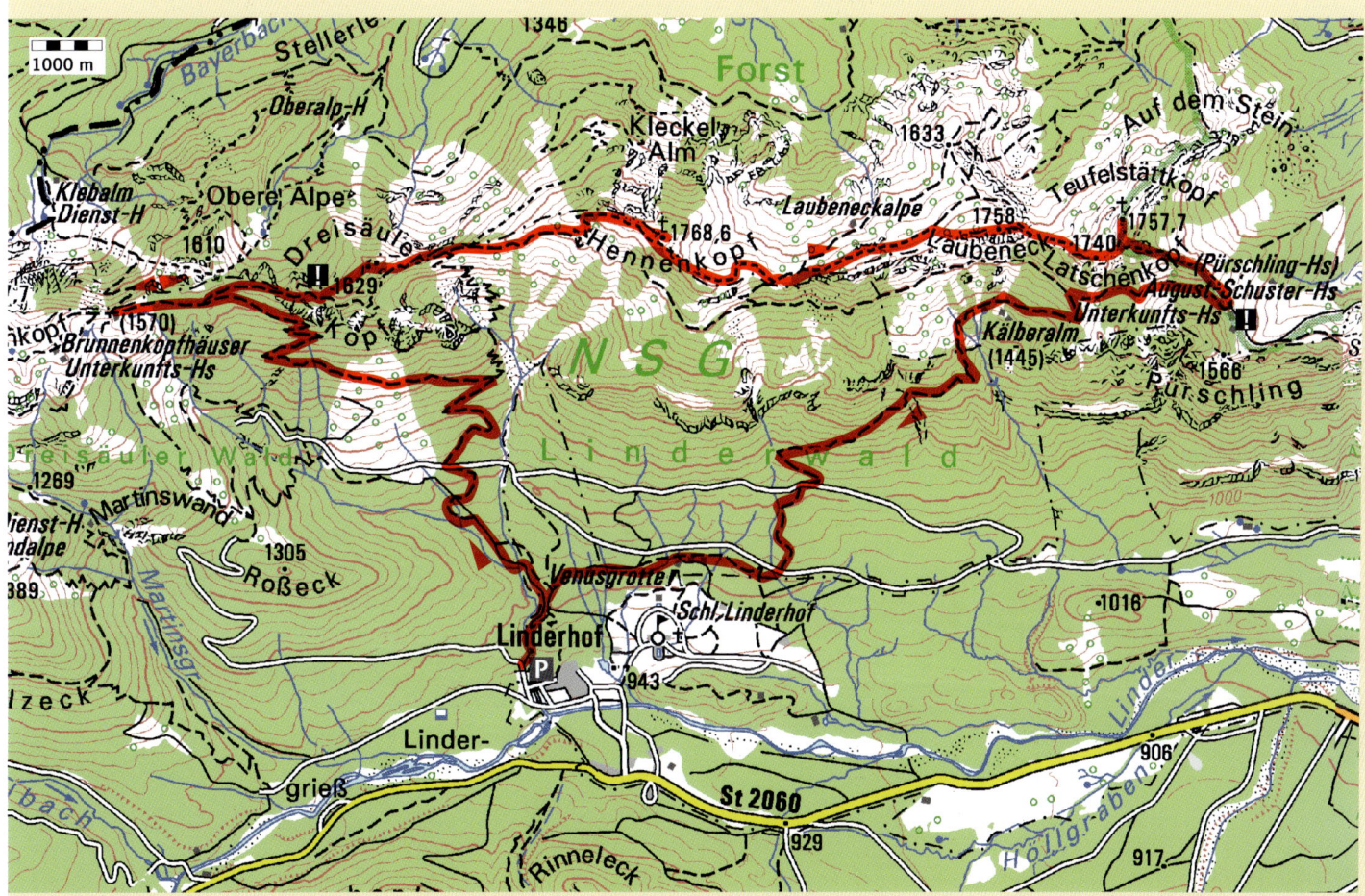

Im Pionier-Panorama-Paradies

Über die Grießberghütte zum Hohen Ziegspitz

*Beim Abstieg zur
Rotmoosalm rückt
der Kühne Daniel
ins Blickfeld.*

Im Vergleich zu den benachbarten Frieder und Kramer fristet der Hohe Ziegspitz eher ein Schattendasein. Dabei zählt der Verbindungsgrat zum Rauhenstein zum Genussvollsten, was die Ammergauer Berge zu bieten haben: Ein wunderschöner Steig windet sich auf oder unterhalb der Gratkante an bizarren Felsköpfen und -nadeln vorbei. Zuvor lässt der Aufstieg auf dem abenteuerlichen Jägersteig zur Grießberg-Diensthütte jedes Pionierherz höher schlagen.

D as Gelände am Grießberg ist abschüssig und teilweise felsdurchsetzt, sich hier zu verlaufen, ist alles andere als ratsam. Wichtig ist, am Fuß des Berges den Einstieg zu finden. Nur wenige Minuten vom Parkplatz entfernt überquert der breite Talweg einen Bachgraben, hinter dem unser unmarkierter Pfad rechts in den Wald führt. Nach kurzen Abschnitten am Bachufer wendet er sich nach links dem Steilhang zu und gewinnt teils in Kehren rasch an Höhe. Gut eine halbe Stunde später erreicht man einen kleinen Graskopf im Wald. Hier quert man den Südhang etwa 100 Meter weit mit Blick auf die Zugspitze in lichtem Kiefernwald zu unserem Wegverzweig. Wer später die abenteuerliche Abstiegsvariante wählt, kommt den geradeaus verlaufenden Pfad an dieser Stelle wieder zurück. Im Anstieg zweigt man jedoch nach rechts ab und überwindet an Felsen vorbei eine weitere Steilstufe. Der schmale Pfad erklimmt einen Geländerücken mit schönem Blick auf die vom Hohen Ziegspitz herunterziehenden Bachschluchten. Auf dem Geländerücken verliert sich der Pfad vorübergehend etwas: Wichtig ist es, sich vor dem Steilaufschwung links zu halten und die von hier nur wenige Minuten entfernte Grießberg-Diensthütte anzupeilen.

Am Jagdhaus mündet der Pfad in einen soliden Steig, der vom Wald in die Latschenzone führt und rechts am Rauhenstein vorbei dem Grat entgegenstrebt. Über einen namenlosen Geländekopf geht es genussvoll dem sichtbaren Hohen Ziespitz entgegen.

Unterwegs passiert man einige bizarre Felsköpfe und -nadeln und genießt abwechselnd nach Norden und Süden das immer schönere Panorama. Insbesondere der Wettersteinkamm mit Zugspitze und Alpspitze zeigt sich vom Gipfel in seiner ganzen majestätischen Breite. Im Süden erkennt man das Ehrwalder Becken mit Sonnenspitze, Handschuhspitze und Wannig (siehe S. 32).

Wer mag, kann den Abstieg vom Gipfel ohne weiteren Adrenalinschub vollziehen. Über den Vorderen Ziegspitz geht es Richtung Stepbergalm, ein etwas abseits der Strecke gelegener Einkehrtipp. Von dort geht es gemütlich über die Rotmoosalm in Richtung Ochsenhütte talwärts. Es sei denn, man wählt wie wir die spannende Abstiegsvariante über die abschüssigen Südhänge des Grießbergs – sie mündet direkt in unseren Aufstiegs-Jägerpfad (siehe Variante).

Imposante Felsen beim Gratanstieg zum Hohen Ziegspitz

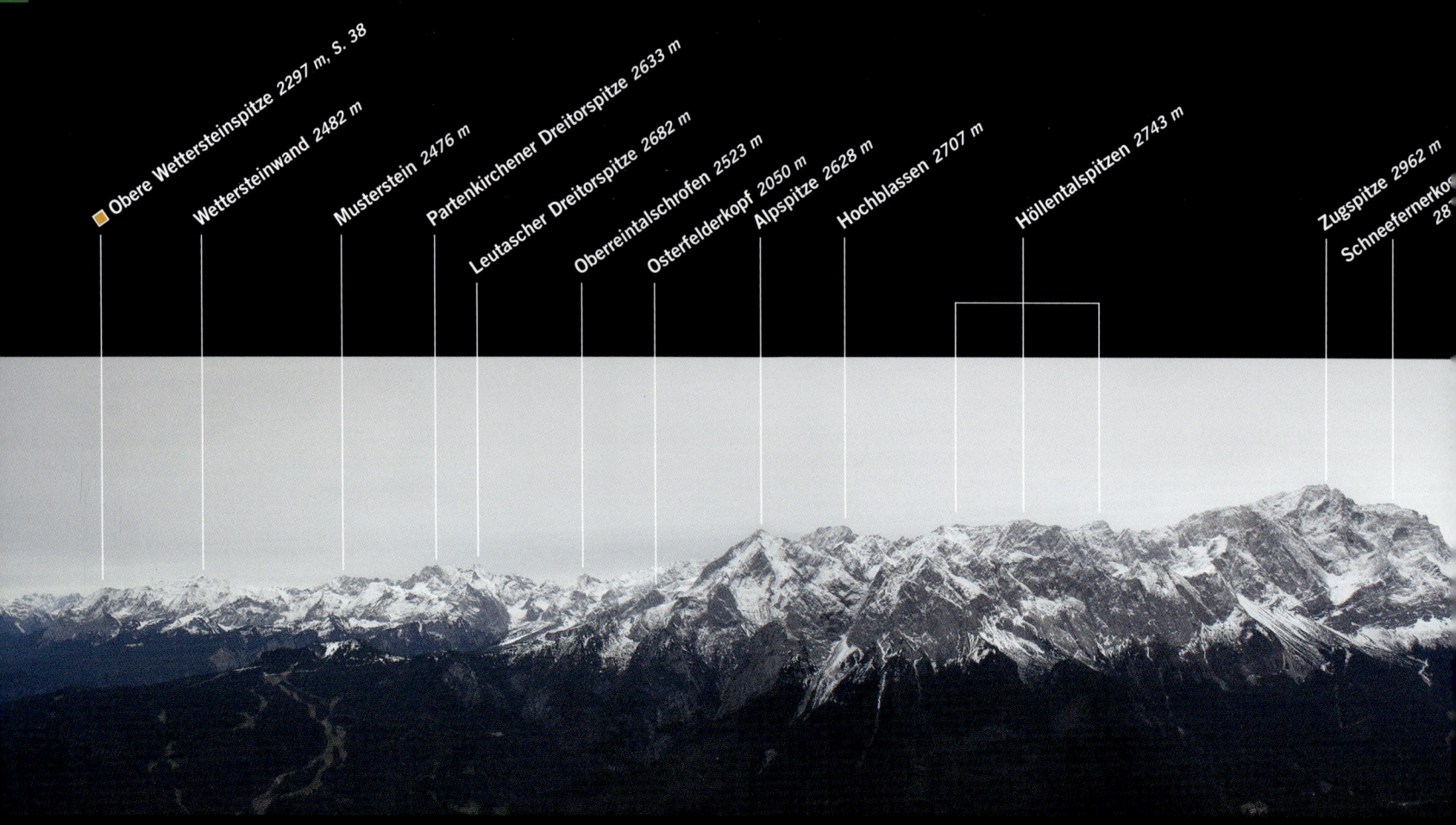

Obere Wettersteinspitze 2297 m, S. 38

Wettersteinwand 2482 m

Musterstein 2476 m

Partenkirchener Dreitorspitze 2633 m

Leutascher Dreitorspitze 2682 m

Oberreintalschrofen 2523 m

Osterfelderkopf 2050 m

Alpspitze 2628 m

Hochblassen 2707 m

Höllentalspitzen 2743 m

Zugspitze 2962 m

Schneefernerko
28

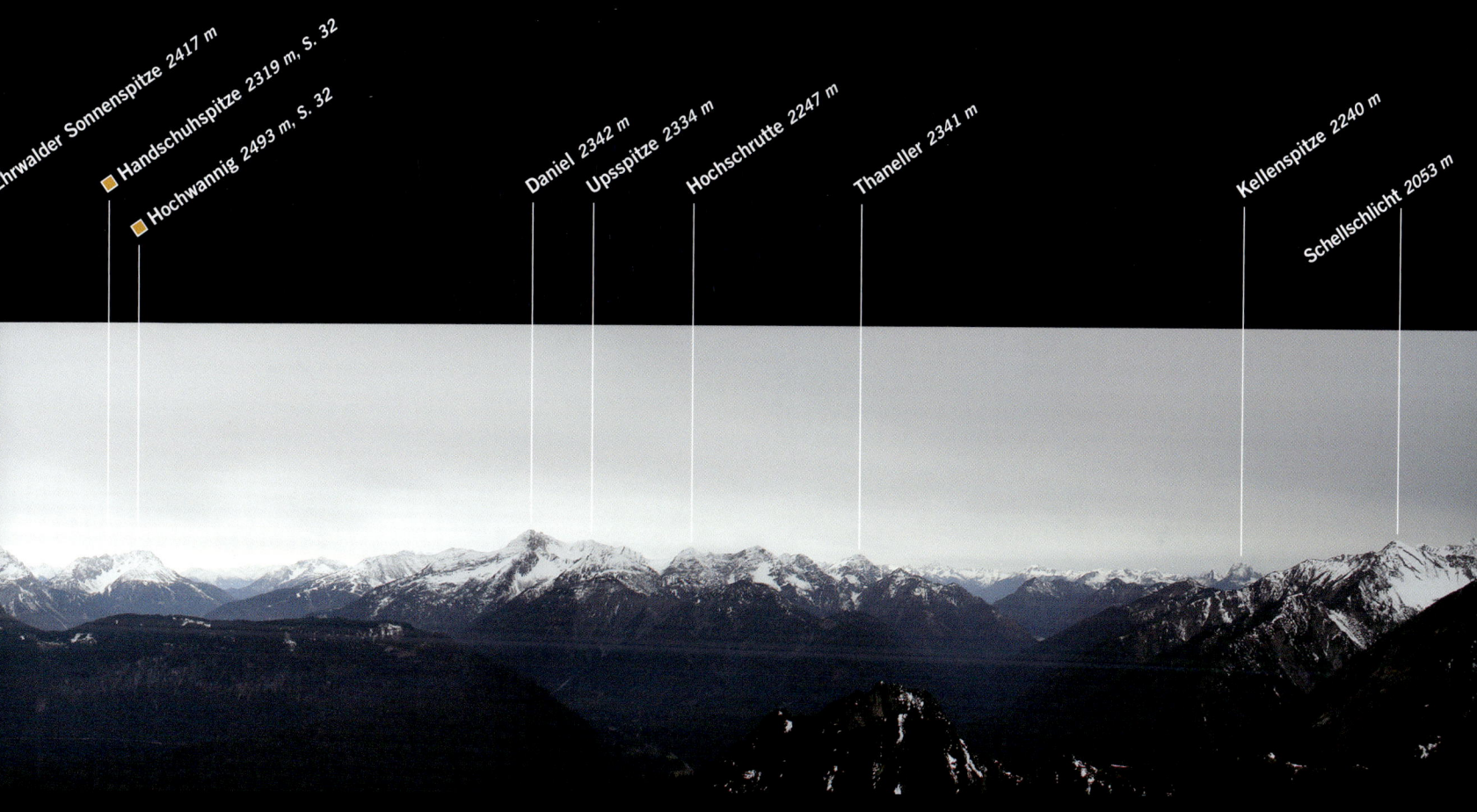

hrwalder Sonnenspitze 2417 m

Handschuhspitze 2319 m, S. 32

Hochwannig 2493 m, S. 32

Daniel 2342 m

Upsspitze 2334 m

Hochschrutte 2247 m

Thaneller 2341 m

Kellenspitze 2240 m

Schellschlicht 2053 m

Anfahrt

Auto A 95 und B 2 über Partenkirchen nach Grainau, 3,5 km nach Ortsende Parkplatz am kleinen Bahnübergang auf der rechten Seite

Charakter

Der Anstieg verläuft auf versteckten Jägersteigen (teils nur Pfadspuren), erfordert also Wachsamkeit und Orientierungssinn. Oberhalb der Grießberg-Diensthütte führt ein solider Pfad zum Rauhenstein und über den Grat zum Hohen Ziegspitz. Hier großartiger Ausblick auf das Wettersteingebirge. Bequemer Abstieg in weitem Bogen über die Rotmoosalm.

Variante Wer sich den langen Talhatscher sparen will, kehrt von der Rotmoosalm über die Südhänge des Grießbergs zu jenem Pfad zurück, den wir im Aufstieg bei der Hangquerung in Richtung Grießberg-Diensthütte verlassen haben. Gut 20 Minuten nach Verlassen der Alm geht der Forstweg in einen Steig über; hier wählt man direkt am Bach ❗ den Abzweig nach links und folgt dem idyllischen Pfad in stetem Auf und Ab durch abschüssiges Hang- und Schluchtgelände. Nur für sehr orientierungs- und trittsichere Wanderer mit ausreichend Zeitpolster (ca. 200 HM Gegenanstieg!).

Einkehr

Stepbergalm, Tel. 01 71 - 546 07 88, Mitte Mai bis Mitte Oktober, Mo. Ruhetag, www.stepberg-alm.de (Abstecher vom Sattel zwischen Ziegspitz und Hirschbühel)

Die Zugspitze stets im Visier

Route

Parkplatz Loisachtal → **Grießberg-Diensthütte** (1 ¾ Std.) → **Geländekopf am Grat** (2 ½ Std.) → **Hoher Ziegspitz** (3 Std.) → **Sattel Abzweig Stepbergalm** (3 ½ Std.) → **Rotmoosalm** (4 ¼ Std.) → **Ochsenhütte** (5 ¼ Std.) → **Parkplatz** (5 ½ Std.)

Vom Parkplatz die Bahngleise überschreiten und links auf breitem Weg leicht ansteigend in den Wald → ❗ nach wenigen Minuten zweigt nach rechts unser Pfad ab, der an den zuvor überquerten Bach zurückkehrt → ❗ an der kleinen Waldlichtung halblinks dem Pfad folgen (roter Pfeil auf einem Stein, Einstieg) → ❗ der Pfad führt steil zu einem **bewaldeten Geländekopf** empor → ❗ nach 100 m Hangquerung unter Felswänden nach Westen rechts in einen Mini-Pfad abbiegen → ❗ der Pfad zieht zu einem Geländerücken empor ❗ am Rücken kurz ansteigen und vor dem Steilaufschwung halblinks auf Pfadspuren zur **Grießberg-Diensthütte** hinauf → oberhalb der Hütte nun auf deutlichem Steig zum Grat empor → herrliche Gratwanderung über einen namenlosen **Gratkopf** an bizarren Felstürmen vorbei zum **Hohen Ziegspitz** → markierter Abstieg über **Vorderer Ziegspitz** zur Einsattelung vor dem Hirschbichel → hier links den Güterweg hinab (Ww. Griesen) → an der **Rotmoosalm** links in den Forstweg, der nach kurzem Gegenanstieg in einen Steig übergeht → am Forstweg links und zur **Ochsenhütte** hinab → auf dem Fahrradweg neben der B 23 zum Parkplatz

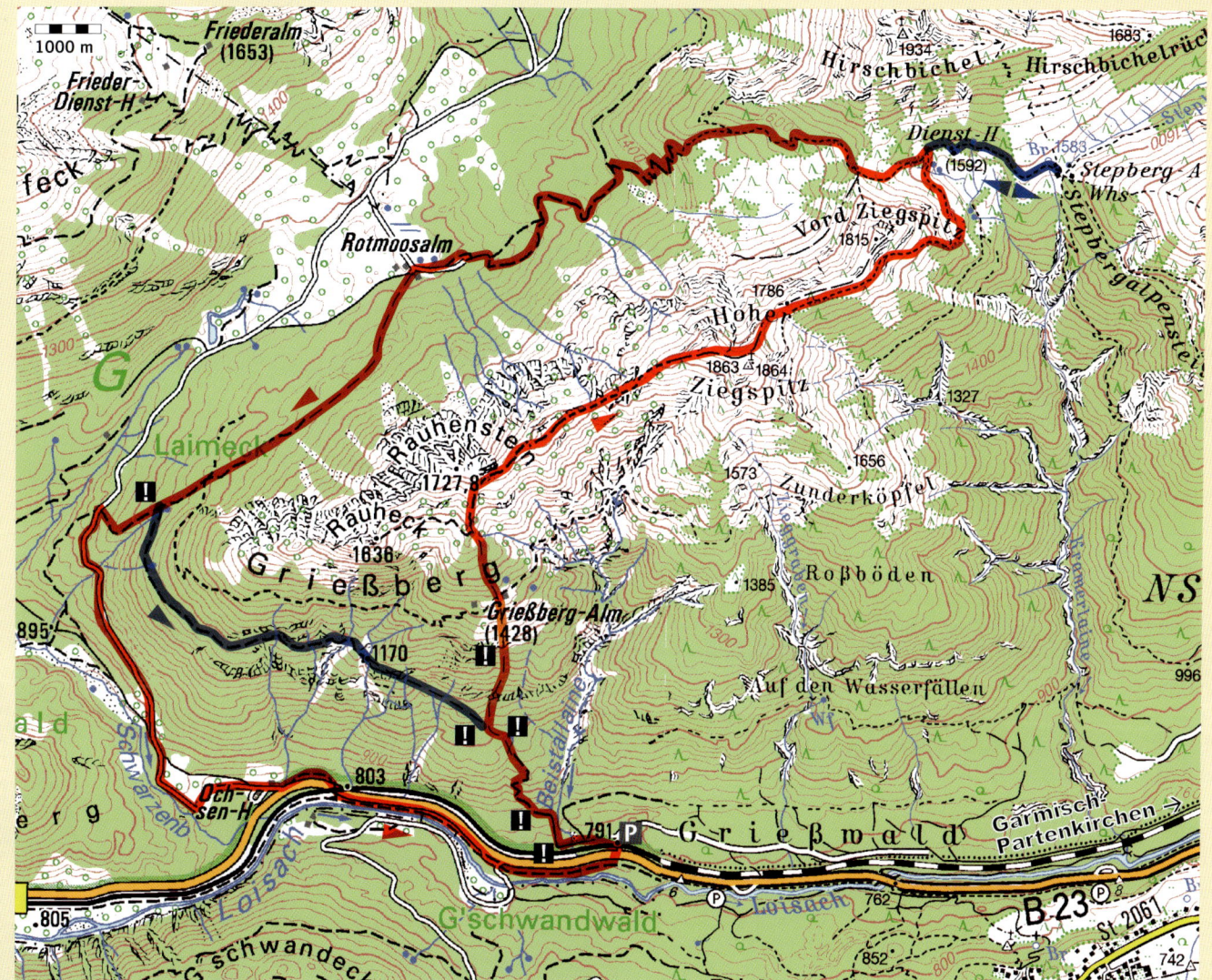

Fernblick bis zum Piz Palü

Über die Handschuhspitze zum Hochwannig

Die Handschuhspitze und der Hochwannig bilden als Ableger der
Mieminger Kette einen selbstständigen Gebirgszug, der sich in stolzer
Höhe über dem Fernpass im Westen und dem Inntal im Süden erhebt.
Höhepunkt der Tour ist der nur schwach markierte Verbindungspfad
zwischen den beiden Gipfeln – inklusive des herausragenden Blicks
auf die Zentralalpen. In Kombination mit dem Abstieg über die Nassereither Alm und den Berglesboden ergibt sich eine zwar lange, aber
landschaftlich überaus reizvolle Rundtour.

*Nicht immer ist der
Panoramawanderweg
so eindeutig zu
erkennen wie in
diesem weiten Kar.*

B ei der zu bewältigenden Wegstrecke und Höhendifferenz
ist die Benutzung der Marienberg-Sesselbahn durchaus
legitim – zumal man auf diese Weise den Waldgürtel bereits
unter sich lässt. Während der bequemen Liftfahrt können
wir unser Tagesziel in aller Ruhe in Augenschein nehmen:
So abweisend die Handschuhspitze mit ihrer beachtlichen
Nordwand wirkt, so unbedeutend erhebt sich ihr Gipfel später
beim Anstieg von der grasbewachsenen Südseite. Der kom-
plette Gebirgsstock zieht sich bis zum westlichen Gratfuß
des Hochwannigs drei Kilometer in die Länge – Luftlinie
wohlgemerkt. Unsere meist südlich der Gratkante verlaufende
Route ist jedoch nicht einsehbar.

  Der eigentliche Toureneinstieg erfolgt in Nähe des Marien-
bergjochs. Kurzweilig windet sich der Steig durch Latschen in
die Höhe, bevor ab der Mulde unterhalb des Schafkopfs die

mühsamste Passage über ein steiles Geröllfeld erfolgt. Ein erster Vorgeschmack darauf, wie brüchig das Gestein in den Mieminger Bergen ist! Durch starke Verwitterungen und Abtragungen sammelt sich am Fuß der Felswände jede Menge Schutt, kein Stein ruht zuverlässig auf dem anderen. Das poröse Gestein wird uns später daran hindern, vom Wannig den Nordgrat als direkten Abstieg zum Berglesboden zu wählen; die brüchigen, ausgesetzten Felspassagen im zweiten Schwierigkeitsgrad stellen kein wahres Kraxelvergnügen dar. Immerhin waren die Mieminger Berge lange Zeit berühmt ob ihres Erzreichtums – an der Silberleithe oder am Südfuß des Hochwannigs sind Stollen und große Abraumhalden stumme Zeugen einer glorreichen Bergbau-Ära.

Auch bei der Hangquerung von der Handschuhspitze zum Hochwannig ist das Geröll stets präsent. Vorübergehend ist der eigentliche Pfad inmitten der zahlreichen Geländerippen nur schwer auszumachen – im Zweifelsfall also besser umkehren und auf ein Neues Ausschau halten nach den ausgebleichten roten Markierungspunkten! Die Schlüsselstelle folgt nach der Querung eines mächtigen Kars: Am stark ausgeprägten Seitengrat angekommen, erklimmt man diesen in der Direttissima, statt weiter in abschüssiges Gelände zu queren. Der finale Gipfelanstieg erfolgt an bizarren Felsköpfen vorbei durch ausgeprägte Wannen, die dem Berg wohl zu seinem Namen verholfen haben.

Auf dem Hochwannig ist endlich Zeit, die einzigartige Gipfelschau zu genießen. Im Westen dehnen sich die Lechtaler Alpen aus, darunter Heiterwand, Parseierspitze, Muttekopf und Hoher Riffler. Hinter der Silvretta lugt im Südwesten bei genialer Fernsicht sogar der Engadiner Piz Palü hervor! Direkt im Süden grenzen die Ötztaler Alpen mit bekannten Gipfel-

größen wie Watzespitze, Wildspitze und Hohe Geige an. Weiter schwenkt der Blick über das Inntal hinaus zu den Sellrainer Bergen, darunter mit Roter Kogel und Zischgeles weitere Tourenvorschläge aus diesem Buch (siehe S. 148 bzw. 152). Von den

entfernteren Bergketten grüßen die Stubaier Schrankogel und Lüsenser Fernerkogel, weiter östlich der berühmte Olperer. Von den nahen Miemingern bis zum Wettersteinkamm mit der Zugspitze ganz zu schweigen.

Die Gipfelwannen des Hochwannig sind von bizarren Felstürmen umrahmt.

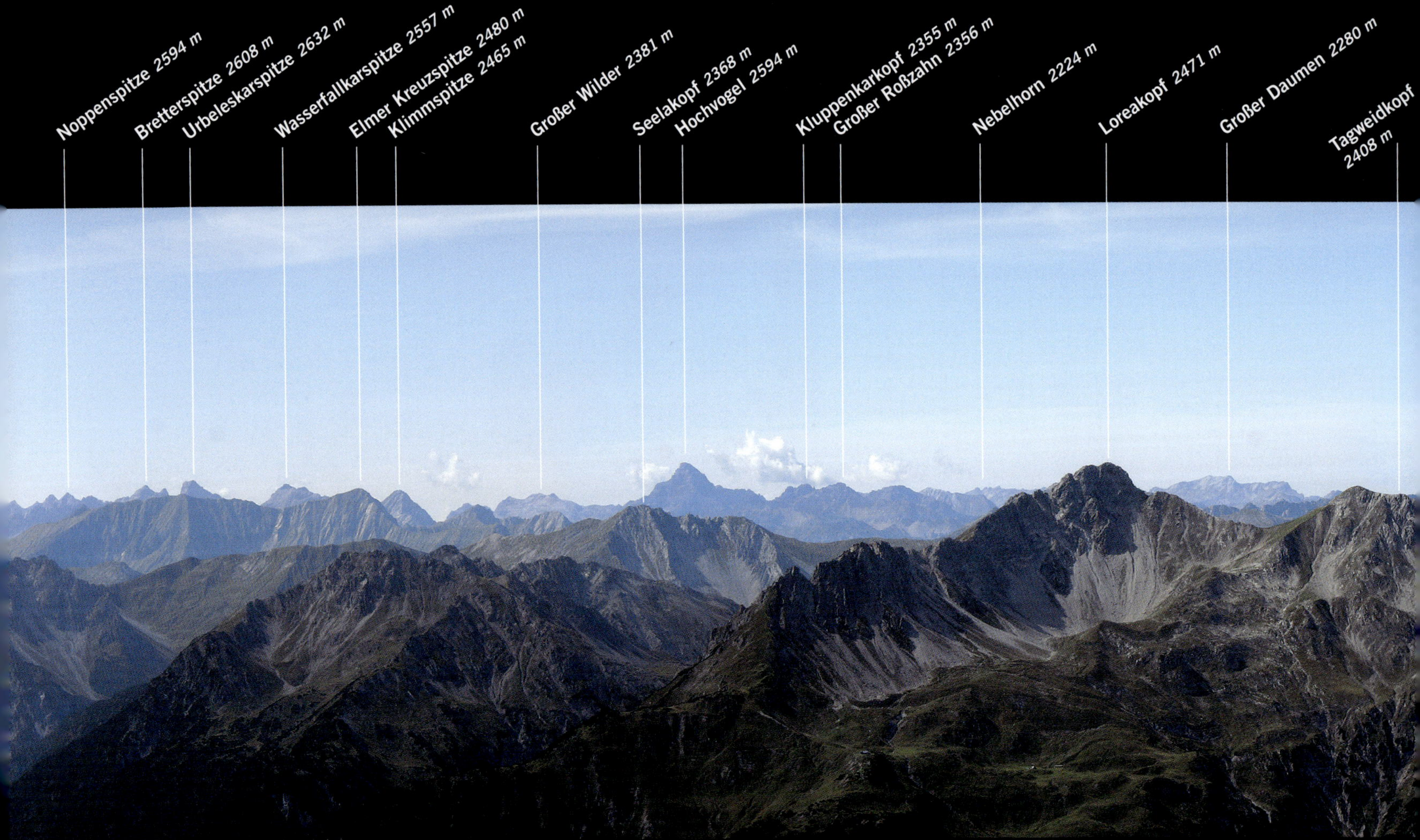

Noppenspitze 2594 m
Bretterspitze 2608 m
Urbeleskarspitze 2632 m
Wasserfallkarspitze 2557 m
Elmer Kreuzspitze 2480 m
Klimmspitze 2465 m
Großer Wilder 2381 m
Seelakopf 2368 m
Hochvogel 2594 m
Kluppenkarkopf 2355 m
Großer Roßzahn 2356 m
Nebelhorn 2224 m
Loreakopf 2471 m
Großer Daumen 2280 m
Tagweidkopf 2408 m

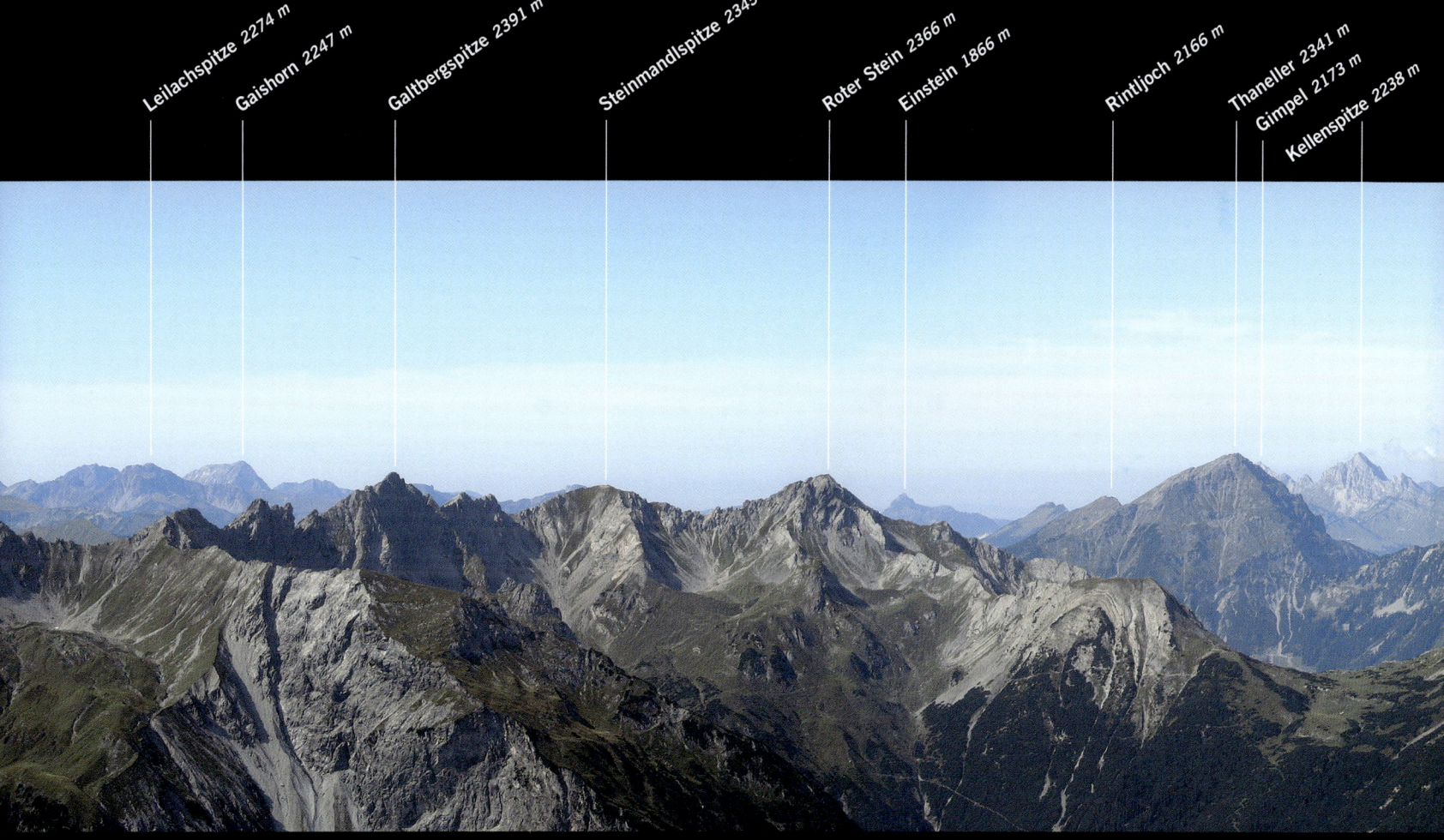

Leilachspitze *2274 m*
Gaishorn *2247 m*
Galtbergspitze *2391 m*
Steinmandlspitze *2345 m*
Roter Stein *2366 m*
Einstein *1866 m*
Rintljoch *2166 m*
Thaneller *2341 m*
Gimpel *2173 m*
Kellenspitze *2238 m*

Anfahrt

Auto A 95 und B 2 Garmisch-Partenkirchen, über Ehrwald nach Biberwier, nach Ortsende Parkplatz an der Talstation des Marienberg-Sessellifts

Charakter

Während auf die Handschuhspitze ein gut markierter, einfacher Steig führt, verläuft die landschaftlich großartige Überschreitung zum Hochwannig teils nur auf Pfadspuren (schwache Markierungen). In diesem Bereich Trittsicherheit und alpine Erfahrung erforderlich – bei phantastischem Blick in die Zentralalpen! Steile Schotterpassagen im Abstieg zur Nassereithalm, der sich später durch einen Gegenanstieg zum Berglesboden etwas hinzieht.

Info

Öffnungszeiten Marienberglift: Ende Mai bis Anfang Oktober 9–16.30 Uhr (Mitte Juli bis Ende August –17 Uhr), Tel. ++43-5673-2323, www.bergbahnen-langes.at; ohne Liftbenutzung erhöht sich das Wanderpensum von Biberwier um 1 ¾ Std. (+ 650 HM).

Bike

Auffahrt von Biberwier zur Bergstation Marienberg auf moderat ansteigendem Fahrweg (ca. 9 km; beim Abstieg an der Abzweigung Alpgrat/Biberwier kurzer Gegenanstieg zum Bikedepot)

Einkehr / Übernachtung

Nassereither Alm (1739 m), Mai bis Oktober, Tel. ++43-5265-20136 oder ++43-676-5568202

Route

Bergstation Marienberglift → Marienbergjoch (¼ Std.) → Handschuhspitze (1 ½ Std.) → Wannig (3 Std.) → Nassereither Alm (4 ½ Std.) → Berglesboden (5 Std.) → Parkplatz Biberwier (6 ½ Std.)

Vom **Marienberger Gipfelhaus** auf dem Fahrweg zum **Marienbergjoch** (Ww. Handschuhspitze) → ⚠ hinter der Passhöhe (Strommast) oberhalb des zur Marienbergalm hinabführenden Fahrwegs eben zum Einstieg queren → auf dem gut sichtbaren Latschensteig in zwei Geländestufen empor → unterhalb der Felsen bequem in die weite Mulde queren, am linken Rand des Geröllfelds über losen Schutt mühsam zum breiten Bergrücken und über begraste Schrofen zur **Handschuhspitze** → ⚠ vom Gipfel wenige Meter Richtung Westen hinab und den Hang unterhalb der Gratkante queren (anfangs nur Steigspuren) → ⚠ nach ebener Querung eines weiten Kars an einem Nebengrat rechts über Gras und Fels empor (nicht weiter in den Hang queren!) → nach kurzem Abstieg in eine kleine Einsattelung zwischen markanten Felstürmen und Wannen hindurch zum **Hochwannig** → über teils steile Geröll- und Latschenfelder westwärts hinab → am Forstweg rechts, kurz darauf wieder rechts über ein Hochmoor und durch Wald zur **Nassereither Alm** (beschilderter Steig) → an der Alm (Ww. Biberwier/ Marienberg) rechts über Wiesen und an einem Almtümpel vorbei leicht ansteigend zum **Berglesboden** → am Aussichtspunkt dem abwärts führenden Steig folgen → in der Senke unterhalb der Marienberg-Station links abzweigen (Ww. Alpgrat/Biberwier) → auf dem Waldrücken (**Alpgrat**) bequem zum Forstweg und rechts zur **Mittelstation** hinab → über die Wiese und links dem Waldsteig zur **Talstation** folgen

Ein längeres Verweilen auf der Oberen Wettersteinspitze fällt bei angenehmen Temperaturen
angesichts des atemberaubenden Rundblicks
nicht schwer. Zwar zählt der Berg zu den nied-
rigsten Erhebungen des mächtigen Wetterstein-
Hauptkamms, aber der Blick in Richtung Zugspitze ist ebenso imposant wie der zur Unteren
Wetterssteinspitze, deren grimmige Nordostwand
von Mittenwald und dem Ferchensee reichlich
Respekt einflößt. Das Leutaschtal liegt uns direkt
zu Füßen, und zwischen Gehrenspitze und Arn-
spitz-Massiv blicken wir ganz unbehelligt nach
Süden in Richtung Sellrainer und Stubaier Alpen.
Außerdem eröffnen sich großartige Blicke in das
nahe Karwendel.

Auch ohne potentiellen Steinschlag ist der
Abstieg nicht jedermanns Sache, wie der folgende
Eintrag in einem Internet-Chatforum beweist:
„Ich fand die eine Stelle zwischen Gipfelgrat und
Scharte ein wenig heikel. Die hängt leicht über
und mir drängte sich beim Blick in die Tiefe
direkt die Vorstellung auf, wo ich gut 150 Meter
tiefer aufschlagen würde, wenn beim Abklettern
etwas schiefgeht. Tiefblicke, die die Welt nicht
braucht!" Der letzte tödliche Absturz ist jedoch
im September 2008 bei der Querung unterhalb
des Gamsangers – übrigens ein wunderschönes
grünes Kleinod inmitten der rauen Felswelt! –
passiert, die jedoch bei trockenen Verhältnissen
(„Stolpern sollte man da nicht!") keinerlei
Probleme aufwirft.

Es folgt der steile
Abstieg zum Ferchen-
see; etwas unterhalb
liegen der Lautersee
und Mittenwald.

Rückblick von der Sommerwiese am Ferchensee zu unserem Tagesziel …

Anfahrt

Auto A 95 und B 2 über Garmisch-Partenkirchen nach Mittenwald; am südlichen Orts-ende rechts Abzweig Richtung Leutasch, Parkplatz oberhalb der ersten Straßenkehre

ÖVM Mit der Deutschen Bahn stündlich von München nach Mittenwald und in ¼ Std. zu den Ww. Richtung Lautersee

Charakter

Insgesamt eine anspruchsvolle, lange Bergtour. Nach der gemütlichen Ouvertüre oberhalb von Lauter- und Ferchensee geht es in der sehr steilen, meist fels-durchsetzten Nordflanke der Wettersteinspitzen empor. Zahlreiche einfache Kletterstellen (I), oberhalb des Gamsangers muss fast durchgängig Hand angelegt werden. Gute Kondition, Trittsicherheit und Schwindelfreiheit vonnöten, jedoch nur wenige exponierte Stellen. Im Gipfelhang erhöhte Steinschlaggefahr, Helm von Vorteil!

Bike

Von Mittenwald über den Lauter- zum Ferchensee (Bikedepot und Einstieg am Südwestufer an einem auffälligen Grasrücken; Wegersparnis 1 ¾ Std.)

Einkehr

Gasthaus Ferchensee und Gasthäuser am Lautersee (jeweils etwas abseits der Route)

Route

Parkplatz → Abzweig Wettersteinspitze (¾ Std.) → Schuttkar (2 ¼ Std.) → Gamsanger (3 ¼ Std.) → Obere Wettersteinspitze (4 Std.) → Abzweig Ferchensee (5 ¾ Std.) → Ferchensee (6 Std.) → Parkplatz (7 Std.)

An der Straßenkehre Abzweig Teerstraße Richtung Lautersee → nach 15 Min. links Anstieg Richtung Ederkanzel (nach wenigen Metern rechts dem Steig folgen) → an der Weggabelung rechts querend durch den Wald (Ww. Ferchensee) → nach kurzem Abstieg zwischen den Seen an der Weggabelung links (Ww. Obere Wettersteinspitze) → moderater Anstieg unterhalb der **Ferchenseewände** → an zwei Weggabelungen geradeaus und links den Gipfelwegweisern in den lichten Wald folgen → oberhalb des Schuttfelds durch die untere Wandstufe (einzelne Drahtseile) in das unterhalb der Wettersteinspitzen eingebettete **Kar** → am oberen rechten Rand des Kars schrofiges Steilgelände und nach einer eindrucksvollen Wandquerung (Felsband) in Serpentinen zum grünen **Gamsanger** empor → durch eine Felsrinne zu einem Schotterfeld am Gipfelaufbau → in durchgängiger, einfacher Kletterei (I) durch schrofiges Gelände zur kleinen Scharte und die letzten Meter luftig über Platten zum **Gipfelkreuz** → Abstieg mit Ausnahme des Abstechers zum Ferchensee auf derselben Route

Auf bewaldetem Grat

Über den Ölrain zur Osterfeuerspitze

Nur noch wenige Meter bis zum Ölrain, der im Schatten stattlicher Fichten liegt.

Etwas ungewöhnlich ist es für eine Gratbegehung schon, mehr oder weniger ohne Unterbrechung durch den Wald zu wandern. Tatsächlich gibt es im bayerischen Alpenraum kaum etwas Vergleichbares: Ein idyllischer Pfad verbindet zwei benachbarte Waldgipfel stets in Kammhöhe; mangels Verzeichnis in Wanderkarten ist er entsprechend einsam. So lebt diese Wanderung zu Ölrain und Osterfeuerspitze weniger von spektakulären Ausblicken – obwohl es zwischendurch durchaus welche gibt! – als von der wohltuenden Abgeschiedenheit hoch über dem Loisachtal.

Vom Wanderparkplatz führt ein markierter Steig direkt zur Osterfeuerspitze hoch, den wir uns jedoch für den Abstieg aufheben. Stattdessen wandern wir über Fahr- und Forstwege an Schloss Wengwies vorbei und am Südhang des Hirschbergs entlang in das Tal der Erzlaine. An einer markanten Wegkehre ist Schluss mit Forstweg: Ein schöner Steig führt über den Bach und Geländestufen angenehm in die Höhe.

Der Einstieg zum Ölrain erfolgt auf solidem Pfad vom sogenannten Wankfleck, ein großzügiges Wiesenplateau und ehemaliges Schafweidegebiet an der Nordseite des Berges. Gut zwanzig Minuten nach Verlassen des Erzlainen-Bachbetts erreicht unser Steig ein lichtes Hochtal, das unterhalb des Wankflecks liegt. Man könnte nun dem Steig rechts ansteigend bis zum Wegkreuz an der Wankhütte folgen, dort etwa hundert Meter links auf dem Forstweg wandern und sich dem Einstieg im Wankfleck abermals links querfeldein von Norden annähern; kürzer und landschaftlich reizvoller ist jedoch die weglose Abkürzung durch eine kleine Waldstufe, die vom Ende der Lichtung problemlos erklommen wird. Zwischen Wankfleck und Steilhang stößt man auf ein Steinmandl, das den Wegbeginn zum Ölrain markiert.

Wer den Steig gefunden hat, kann den Rest der Wanderung mangels Orientierungsproblemen ganz entspannt angehen. Vom teils baumfreien Ostgrat des Ölrains bieten sich erstmals schöne Ausblicke auf das Estergebirge und den Heimgarten. Während sich die Hauptroute in Richtung des benachbarten Hirschbergs verabschiedet, führen Steigspuren auf den Gipfel des Ölrains. Hier gibt es zwar auf Gras einige schöne Rastplätze, der Blick bleibt aber überwiegend an den umliegenden Baumwipfeln hängen.

Als genussreicher Höhepunkt folgt eine Stunde Waldgrat-Überschreitung zur Osterfeuerspitze. Der Pfad bleibt stets in Nähe der Kammhöhe und ist deshalb nicht zu verfehlen. An manchen Stellen muss Bruchholz umgangen werden, für dessen Beseitigung sich hier niemand zuständig fühlt. Langsam wendet sich die Gehrichtung von Westen nach Süden; oberhalb der Pfaffenwände gibt es einen herrlichen Tiefblick nach Ohlstadt und in das Murnauer Moos. Vor Erreichen der Osterfeuerspitze werden die Abhänge steiler. Vom Gipfel erhascht man zwischen den Bäumen einen Blick auf die Zugspitze und Ammergauer Alpen. Dann geht es in äußerst großzügigen Serpentinen zum Ausgangsort zurück.

Anfahrt

ÖVM Stündliche Zugverbindung von München nach Eschenlohe (Richtung Garmisch-Partenkirchen), vom Bahnhof zur Loisachbrücke und auf der Autoroute zum Ausgangsort

Auto A 95 Eschenlohe, im Ort die Loisachbrücke überqueren und die Walchenseestraße über den Tonihof Richtung Schloss Wengwies fahren, Parkplatz am offiziellen Straßenende

Charakter

Nach geruhsamem Auftakt auf Forstwegen schleicht man sich teils weglos quasi von hinten an den Ölrain heran. Der Übergang zur Osterfeuerspitze erfolgt stets auf dem bewaldeten Grat auf klar erkennbarem Pfad, auch der Abstieg nach Süden ist nicht zu verfehlen. Technisch leichte, aber durch die Orientierungsfindung am Ölrain nicht zu unterschätzende Wanderung.

Einkehr

Nur in Eschenlohe (z. B. Tonihof)

Route

Parkplatz → **Steigbeginn Heimgarten (1 ½ Std.)** → **Wankfleck (2 Std.)** → **Ölrain (2 ½ Std.)** → **Osterfeuerspitze (3 ½ Std.)** → **Parkplatz (4 ½ Std.)**

Vom Parkplatz Teerweg in den Wald → an der Weggabelung links und im Linksbogen um **Schloss Wengwies** herum dem Hang zu → an der T-Kreuzung rechts über ein kleines Bachtal, später Einmündung in den Wanderweg E4 → an der Weggabelung links dem breiten Weg in das Bachtal der **Erzlaine** folgen → an der Wegkehre den holprigen Steig am Bach entlangwandern (Abzweig Heimgarten) → ⚠ nach Passieren eines Jägerstandes mündet der Steig in ein lichtes Hochtal → ⚠ am Ende der Lichtung halblinks den Steig verlassen, weglos eine bemooste, mäßig steile Waldstufe empor und stets am Waldrand zunehmend flach über das weitläufige Wiesenplateau **(Wankfleck)** → ⚠ etwa mittig des Plateaus führt links ein schöner Steig durch den Wald zum Ostgrat des Ölrains (Steinmandl am Waldrand) → ⚠ am Gratrücken, den Abzweig zum Hirschberg ignorierend, steil zum Gipfel empor → ⚠ vom **Ölrain** auf dem Westrücken in eine Einsattelung (Schießscheibe!) hinab und stets in Kammnähe auf klar erkennbaren Pfadspuren leicht abwärts zur **Osterfeuerspitze** queren → Abstieg in vielen Kehren auf der Südseite des Gipfels

Eine Waldlichtung beim Abstieg zur Osterfeuerspitze

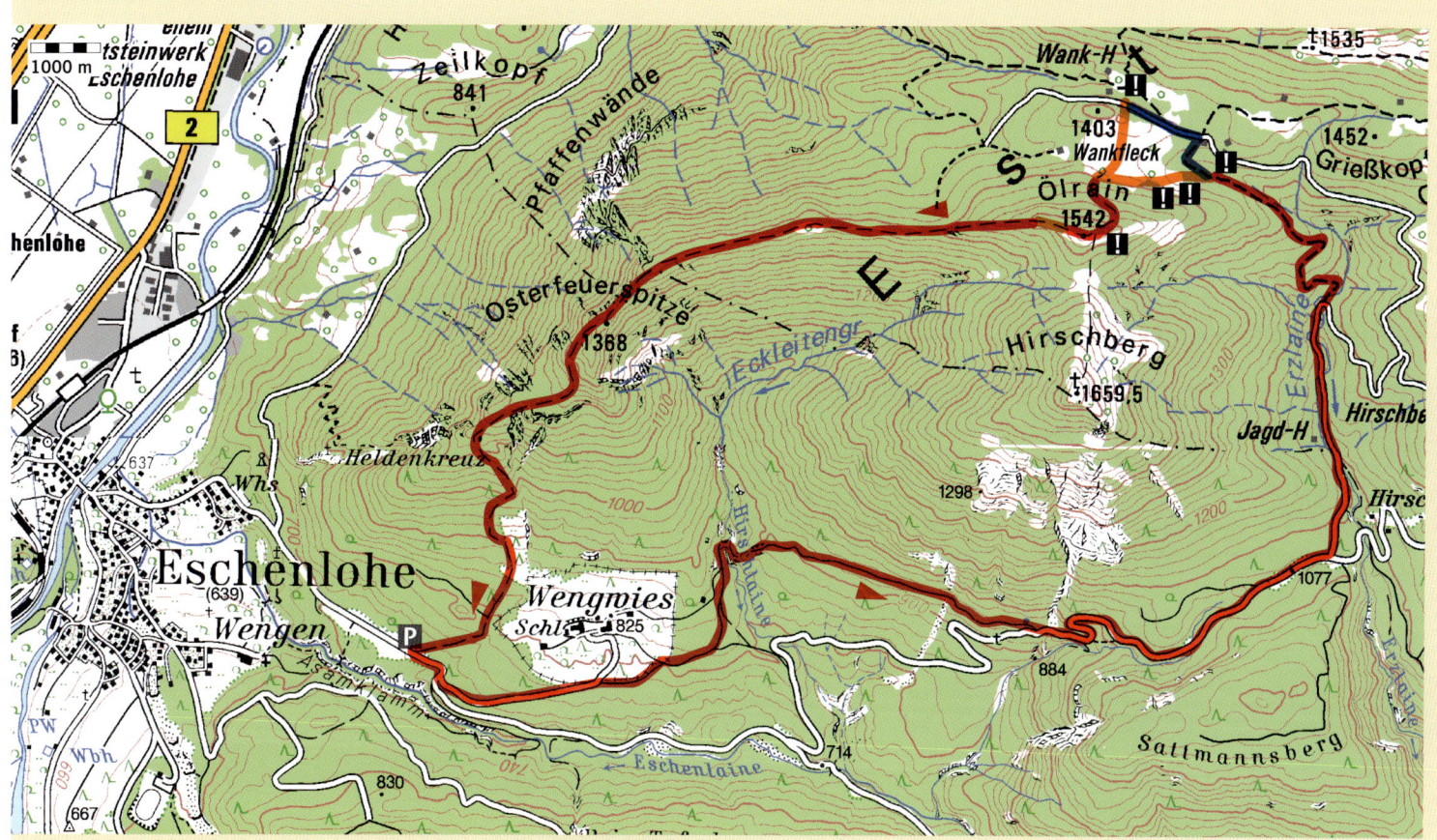

45

Klassiker mit Schneewechten

Im Frühjahr vom Herzogstand zum Heimgarten

Der Grat zwischen Herzogstand und Heimgarten ist ein beliebter Klassiker. Einsam ist man hier im Sommer und Herbst bei schönem Wetter selten. Deshalb empfehlen wir für die Überschreitung explizit die Monate März und April, wenn am Walchensee der Frühling eingekehrt ist und am Grat noch spätwinterliche Verhältnisse herrschen. Wenn die Drahtseile bereits aus dem Schnee hervorlugen und sich noch imposante Wechten auf der Gratschneide türmen. Wenn der normale Wanderer ob der möglichen Schwierigkeiten noch lieber den benachbarten Jochberg besteigt …

Schneewechten bestimmen das spätwinterliche Bild auf dem Grat zwischen Herzogstand und Heimgarten.

Am Herzogstand freilich muss man sich mit einem gewissen Rummel anfreunden. Es sei denn, man nutzt die Revisionszeit der Herzogstandbahn – für viele eine bequeme Aufstiegshilfe! – im Frühjahr oder auch im Spätherbst (Infos www.herzogstandbahn.de); zwischen Mitte November und Weihnachten ist außerdem das Herzogstandhaus geschlossen. Doch ob dann die Verhältnisse passen?

Bei unserer April-Besteigung sind wir beim Aufstieg vom Walchensee zum Herzogstandhaus allein unterwegs, am Herzogstand-Gipfel treffen wir ein Dutzend Wanderer, auf dem Gratweg sind wir wieder ganz unter uns und am Heimgarten genießt eine Handvoll stiller Genießer das Panorama. Wobei das Wetter zugegebenermaßen nicht ganz stabil ist: Nach anfänglichem Sonnenschein verfinstert sich der

Himmel auf dem Grat langsam, auf dem Heimgarten erreicht der Kumulus bereits beträchtliche Ausmaße, und während des Abstiegs entlädt sich über dem Walchensee ein kleines Gewitter.

Gut, dass wir früh genug aufgestanden sind, um einem etwaigen Blitzinferno auf dem Grat zu entgehen. Der dem Gipfelkamm folgende Steig ist von geübten Wanderern problemlos zu meistern; die wenigen abschüssigen Stellen sind mit Drahtseilen gesichert. Selbst wenn die Sicherungen an den Schlüsselstellen noch verborgen sind, lassen sich im meist griffigen Schnee leicht Stufen schlagen und somit ausreichend Halt finden. Im April ist der gut markierte Steig bereits an vielen Stellen aper, der Wegverlauf somit von Weitem einsehbar. Doch Orientierungsprobleme kommen aufgrund des Verlaufs direkt auf oder knapp unterhalb der Gratschneide ohnehin nicht auf. Nach einigen kurzen Auf und Abs strebt man zuletzt steiler in südwestliche Richtung direkt dem Gipfelkreuz des Heimgartens zu.

Die Faszination dieser Grattour liegt in dem seltenen Kontrast, auf der flacheren Südseite das übliche Gipfelmeer in Richtung Karwendel- und Wettersteingebirge bewundern zu können, auf der felsigen Nordseite hingegen in die weiten Ebenen des Alpenvorlands und den Kochelsee hinabzublicken. Bei Inversionswetterlagen und nördlichen Winden dient der Grat häufig als Wetterscheide: Während sich die Wolken an der Luvseite des Berges stauen, lösen sie sich südlich des Kesselbergs wie von Wunderhand auf. Durch diese geographisch-meteorologische Besonderheit und den phantastischen Wegverlauf zählt der Grat zwischen Herzogstand und Heimgarten vollkommen zu Recht zu den hundert schönsten der Alpen!

Anfahrt

Auto A 95 Ausfahrt Murnau-Kochel, über Schlehdorf nach Kochel, B 11 über den Kesselberg bis in den Ort Walchensee, am Ortsbeginn beschilderter Abzweig zur Talstation der Herzogstandbahn (großer Parkplatz)

Charakter

Großartiger Gratklassiker zwischen Herzogstand und Heimgarten, der im Winter und Frühjahr wenig begangen wird. Dann allerdings nur bei ungefährlicher Schneelage und erhöhte Vorsicht an den exponierten Stellen (Wechtenbildung). Zu- und Abstieg der Rundtour verlaufen auf gut markierten Bergsteigen.

Variante

Bei Benutzung der Seilbahn (Tel. 08858-236, www.herzogstandbahn.de) kürzt man die Tour um 760 HM und knapp 2 Std. Gehzeit ab.

Einkehr/Übernachtung

Herzogstandhaus (1575 m), Tel. 0 88 51 - 234, bei Wasserknappheit teils nur an Wochenenden, Betriebsurlaub Mitte November bis Weihnachten, www.berggasthof-herzogstandhaus.de; Heimgartenhütte (1785 m), Tel. 0171 - 950 77 87, Mai bis Oktober (nur Einkehr)

Route

Walchensee → Herzogstandhäuser (2 Std.) → Herzogstand (2 ½ Std.) → Heimgarten (3 ¾ Std.) → Ohlstädter Alm (4 ¼ Std.) → Walchensee (5 ¾ Std.)

An der **Talstation** dem Pfeil zum markierten Steig folgen, der an einer kurzen Felspassage (Drahtsteil) und einem kleinen Wasserfall vorbei oft in steilen Kehren durch den Wald zum **Herzogstandhaus** führt → im Ostschatten des Martinskopfs direkt zum Südhang des **Herzog-stands**, der in weithin sichtbaren Kehren durch Latschen bestiegen wird → unterhalb des Gipfelpavillons westwärts den Grat in die Gratsenke absteigen (Drahtseilsicherungen an exponierten Stellen) → meist unmittelbar auf dem **Grat**, teils über leichte Felsen, teils durch Latschen (kurze Gegenabstiege), im oberen Abschnitt steiler zum Gipfelkreuz des **Heimgarten** empor → Abstieg über die nahe **Heimgartenhütte** zur **Ohlstädter Alm**, kurzer Gegenanstieg am Rotwandkopf und nach der Hanquerung ostwärts nach **Walchensee** hinab (Wanderweg E4) → mit Erreichen des Talbodens links den Deiningbach überqueren und zur Talstation zurück

*Der Gewitterguss
entlädt sich glücklicher-
weise nur über dem
Walchensee.*

49

Grandioser Gratverlauf

Die große Kotzenrunde

Von Grat zu Grat: Auch durch die Blumenwiese wirkt die Nördliche Karwendelkette mit Östlicher Karwendel- und Vogelkarspitze nicht weniger schroff; im Hintergrund links die Ödkarspitzen.

Der ältere Mann mit dem Hut, den im Verlauf unseres Gesprächs mehrere Falter umschwirren, genießt einerseits die Ruhe an der bewaldeten Nordflanke des Kotzen. Andererseits wettert er gegen den Alpenverein, der die Wege an diesem Berg quasi verkommen ließe. Typisch deutsch sei das, ein Naturschutzgebiet mit dem Ausgrenzen der Wanderer gleichzusetzen! Früher seien die Wege bestens gepflegt worden, doch inzwischen drohe das Gebiet durch Stürme, Lawinen und die Erosion zu verwahrlosen.

Als wir uns am Gipfelhang des Kotzen zwischen den Latschen hochhangeln, haben wir die weisen Worte des Mannes noch im Ohr. Den ursprünglichen Steig hat sich die Natur fast schon zurückerobert, weshalb wir für den Anstieg folgende Variante wählen: Wir queren bequem den Latschenhang auf dem gut erhaltenen Steig, welcher später zu den Ludernalmen hinabführt, bis zu einem markanten, ausgetrockneten Bachbett in der Falllinie des Gipfels. Auf Steigspuren geht es in der Direttissima empor, bevor wir an der Lichtung halbrechts zu den Latschen emporsteigen. Von dort ist das Gipfelkreuz zum Greifen nah.

Nach diesem Kraftakt und der wohlverdienten Brotzeit folgt ein Genussteil erster Güte. Flache Almwiesen gilt es bis zum Fuß des Stierjochs zu queren,

Unterwegs zum Östlichen Torjoch

die Vorfreude auf die grandiose Gratwanderung zum Östlichen Torjoch lässt die Schweißperlen beim knackigen Schlussanstieg leicht ertragen. Zwar ist der Grat nicht ansatzweise so wild wie die zackige Karwendelkette zwischen Lalidererwänden und Vogelkarspitze, doch für unseren Panorama-Genuss ist das eher von Vorteil. Nach Norden bricht der Grat teilweise jäh ab, nach Süden überwiegt sattes Almwiesengrün. Die etwas luftige Kraxelstelle kann rechts über Schutt und Gras umgangen werden. Mit Erreichen des Torjochs zeigt sich auch der Großvenediger wieder, der zwischendurch hinter dem Karwendel abgetaucht war. Auch der gewaltige Bergkessel ist mit dem kompletten Tagesmarsch einsehbar. Fall am Sylvensteinspeicher wirkt von hier noch Lichtjahre entfernt.

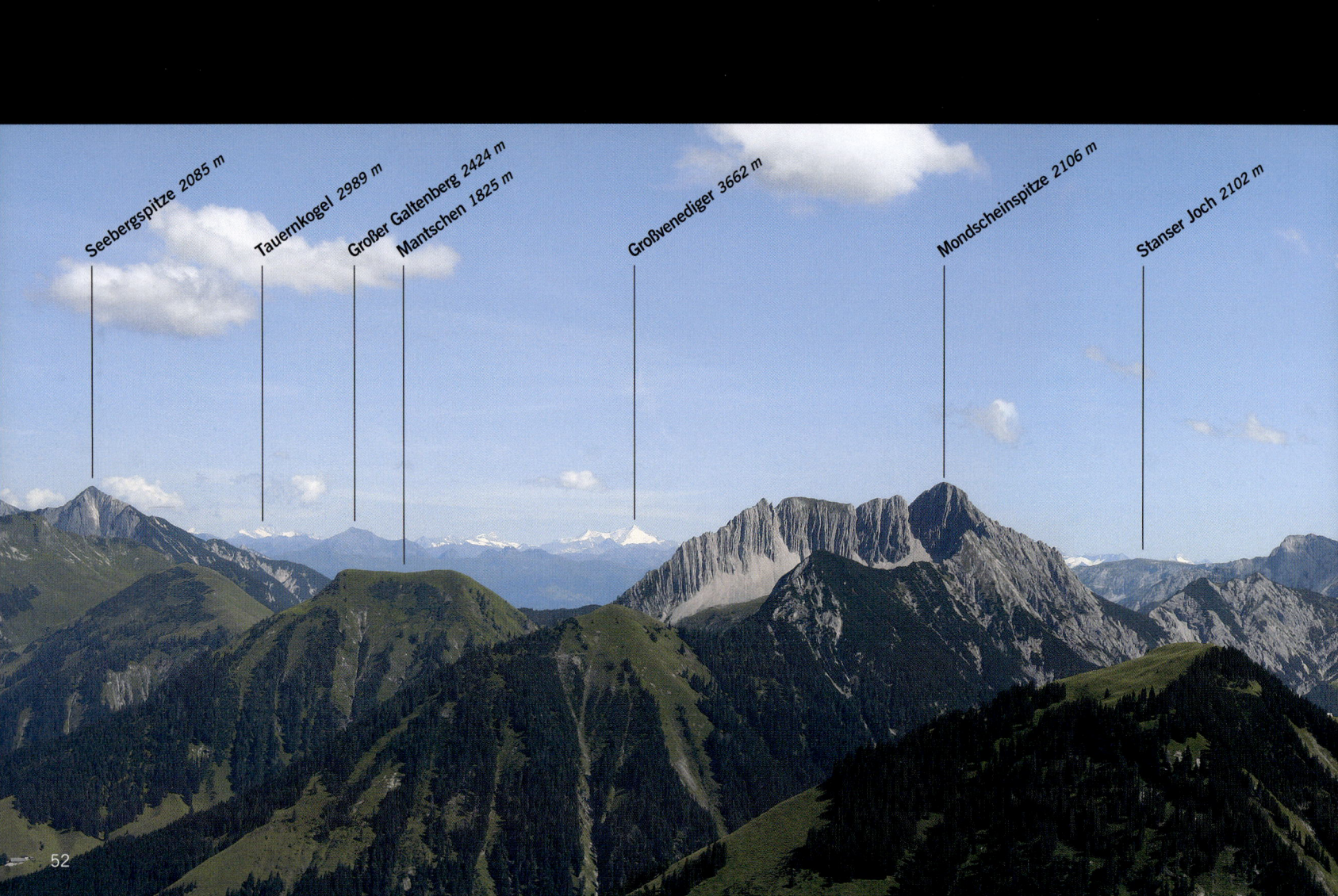

Seebergspitze 2085 m

Tauernkogel 2989 m

Großer Galtenberg 2424 m

Mantschen 1825 m

Großvenediger 3662 m

Mondscheinspitze 2106 m

Stanser Joch 2102 m

Bettlerkarspitze 2268 m

Kompar 2010 m

Schaufelspitze 2306 m

Sonnjoch 2457 m

Hochnisslspitze 2547 m

Lamsenspitze 2508 m

Anfahrt

ÖVM Bayerische Oberlandbahn (BOB) nach Lenggries, RVO-Bus
Richtung Eng bis Fall

Auto Ab Bad Tölz B 13 über Lenggries nach Fall (Parkplatz am Ortsrand)

Charakter

Großartige, aber lange Panorama-Rundtour mit klarer, einsehbarer Routen-
führung. Schlussanstieg zum Kotzen und Stierjoch etwas mühsam, ansonsten
herrscht unschwieriges, teils wegloses Grasgelände vor. Trittsicherheit erforderlich, die Kletterstelle auf dem Grat kann südlich umgangen werden. Bei Nässe
oder Nebel nicht zu empfehlen (siehe Variante)!

Variante

Am Fuß des Stierjochs führt ein Steig über die
Ludernalmen zum Lerchkogel-Niederleger
(Abkürzung von 1 ½ Std.).

Bike

Von Fall bis zum Abzweig Dürrachklamm und zurück
(5,5 km; Wegersparnis 1 ¼ Std.)

*Weite Wiesen zwischen Kotzen und Stierjoch;
hinter dem Baumgartenjoch (mittlere Kette)
tauchen Laliderer-, Sonnen-, Kaltwasserkar-
und Birkkarspitze auf.*

Route

**Fall → Dürrachklamm (¾ Std.) → Kotzen (3 ¼ Std.) → Stierjoch (4 ¼ Std.) → Torjoch (5 ¼ Std.) → Lerchkogel-Hochleger
(5 ¾ Std.) → Fall (8 Std.)**

Von **Fall** auf dem Teerweg in das Dürrachtal (Ww. Aquila) → ▮ nach dem Aussichtspunkt in die Klamm rechts in den Waldweg →
kurz darauf abermals rechts Steig zur **Dürrachklammbrücke** hinab → Anstieg auf dem Steig → ▮ am ersten natürlichen Hindernis
(Baumgeäst) den relativ breiten Weg links auf dem Pfad verlassen und zur **Kotzen-Niederalm** empor → ▮ Latschenquergang bis zu
einem ausgetrockneten Bachbett unterhalb des **Kotzen** → ▮ die steinerne Rinne in Stufen steil empor und an den erodierten Hangstellen
rechts zu den Latschen hochsteigen → am Rand der Latschen zum Grat empor und links zum **Gipfel** queren → über die flachen
Almweiden südwärts (erst westlich, später östlich des Kamms) nach Süden → ▮ am Steinmandl den zur Ludernalm führenden
Steig rechts verlassen (Pfadspuren) und in Gratnähe steil zum **Stierjoch** empor → Übergang zum Torjoch stets in Gratnähe (▮ die
Kletterstelle kann südwärts umgangen werden) → Abstieg zum **Lerchkogel-Hochleger** auf klarem Weg → Steig links Richtung Fall
→ ▮ vor Erreichen des Fahrwegs rechts über die Wiesen queren → der weitere Abstieg nach **Fall** ist beschildert

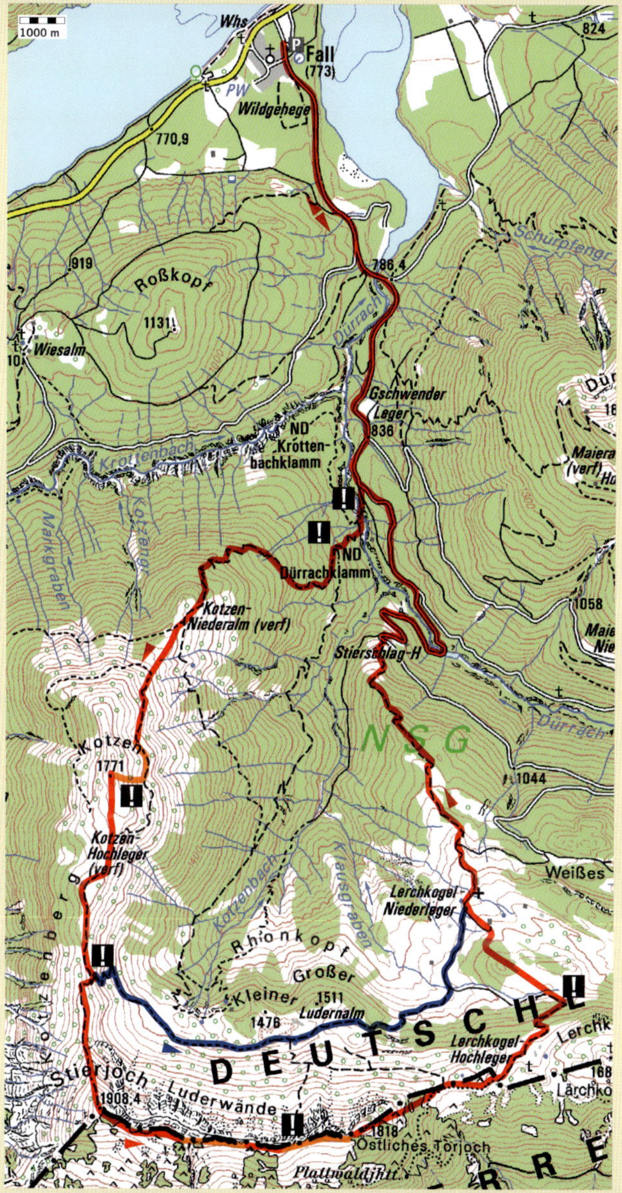
1000 m
Whs
Fall
(773)
PW
Wildgehege
770,9
824
919
Roßkopf
1131
Wiesalm
786,4
Dürrach
Gschwender
Leger
836
ND
Krotten-
bachklamm
Krottenbach
ND
Dürrachklamm
Kotzen-
Niederalm (verf)
Stierschlag-H
1058
N S G
Kotzen
1771
1044
Kotzen-
Hochleger
(verf)
Kotzenbach
Lerchkogel-
Niederleger
Weißes
Rhonkopf
Großer
Kleiner
1511
1476
Ludernalm
D E U T S C H L
Lerchkogel-
Hochleger
Stierjoch
1908,4
Luderwände
1818
Östliches Torjoch

Der Soiernspitze entgegen

Über den Galgenstangenkopf zur Bayerkarspitze

Je weiter man den langen Grat vom Risstal in Richtung Soierngruppe entlangwandert, desto einsamer, überwältigender und alpiner wird die Tour. Die klassische 10-Stunden-Runde führt über vier Gipfel bis zur Krapfenkarspitze und über das Fermersbachtal wieder zurück. Doch Graterlebnis, Bergkulisse und Einsamkeit sind auch auf der Bayerkarspitze einzigartig, zumal man den Tag durch den kürzeren Rückweg dann besser genießen kann.

Anfang November sind ohnehin keine größeren Sprünge mehr möglich. Das erste Gefahrenpotential liegt in der Rissbachquerung an der Schleuse unterhalb der Oswaldhütte, wenn sich nach frostiger Nacht eine tückische Eisglasur über die Steine gelegt hat. Anschließend erreicht man über eine kurze Steilstufe und durch Wald teils nur auf Pfadspuren jenen Forstweg, der etwa 600 Meter nördlich der Oswaldhütte beginnt und bequem über den Rissbach zur Paindlalm führt.

Noch vor der Alm zweigt nach links der sogenannte Paindlsteig in das Fermersbachtal ab. Bald mutiert der Karrenweg in einen romantischen Steig. Nach der Rechtskurve in den markanten Wandgraben unterhalb des Galgenstangenkopfs folgt man dem unmarkierten Jägersteig in sehr spitzem Winkel nach rechts und in weitem Bogen über eine Waldstufe bis zu den Grafenherberg-Hütten. Zeit für eine Trinkpause mit schönem Blick auf den Schafreiter!

Von den Hütten wandert man rechts zu einer Waldlichtung. Auf der Wiese verliert sich der Pfad vorübergehend; man hält sich etwas links und findet ihn zwischen Bäumen problemlos wieder. Nach einer weiteren Waldstufe erreicht man den latschenbestandenen Bergkamm, der die grandiose Gratbegehung einleitet. Nächstes Ziel ist der Galgenstangenkopf, der zwar kein Gipfelkreuz, aber beste Einblicke in den weiteren Routenverlauf zu bieten hat: Wie Kamelbuckel bauen sich der Fermerskopf und die Bayerkarspitze vor der Bergkulisse der Soierngruppe auf. Da der Grat in kleinen Windungen nach Süden zieht, sind im Hintergrund auch der Dreierspitz, die Krapfenkarspitze und die pyramidenförmige Soiernspitze gut zu erkennen. Bequem geht es vom Galgenstangenkopf in eine Gratsenke und per Gegenanstieg auf den ebenfalls kreuzlosen Fermerskopf. Von hier ist der Übergang zur Bayerkarspitze absehbar.

Am Gipfel beeindruckt der Blick in die imposante nördliche Karwendelkette mit ihren vom Wörner bis zur Östlichen Karwendelspitze schroff abfallenden Felswänden. Im Westen erkennt man das Estergebirge und Teile der Ammergauer Alpen. Die Soierngruppe zeigt sich im tiefsten Winterkleid. Das Bergsteigerherz würde jetzt liebend gerne zur Krapfenkarspitze hinüberhüpfen, doch der kühle Verstand mahnt angesichts der Verhältnisse zur Umkehr. Die Pfade sind so schön, dass man sie auch zweimal gehen kann. Und auf dem Rückweg blickt man plötzlich auf Berge wie die Benediktenwand, die man im Aufstieg gar nicht richtig gewürdigt hatte.

Wie Perlen an der Kette: Blick vom Galgenstangenkopf über Fermerskopf, Bayerkarspitze, Dreierspitz und Krapfenkarspitze zur formvollendeten Soiernspitze.

Anfahrt

ÖVM Bayerische Oberlandbahn (BOB) nach Lenggries, RVO-Bus 9569 Richtung Eng bis Oswaldhütte

Auto Ab Bad Tölz B 13 über Lenggries nach Vorderriß und ca. 4 km zur Oswaldhütte (Parkplatz wenige hundert Meter südlich am Einstieg zum Schafreiter)

Charakter

Perfekte Gratwanderung zwischen Risstal und Soierngruppe, bei der jeder seinen individuellen Umkehrpunkt selbst bestimmen kann. Die Route ist zwar nicht markiert, aufgrund des klaren Verlaufs – sobald man den Einstieg gefunden hat! – aber leicht zu finden. Rückweg auf der Aufstiegsroute.

Bike

Vor der Oswaldhütte auf dem Fahrweg zur Paindlalm (4 km; Wegersparnis ¾ Std.)

Variante

Von der Bayerkarspitze führt der zunehmend abschüssige Grat über den Dreierspitz auf die Krapfenkarspitze (plus 2 Std.). Abstieg über steiles und wegloses Schrofengelände zu einem Steig Richtung Fereinalm, in spitzem Winkel auf einem Jägersteig zu einer kleinen Hütte und durch das Fermersbachtal zurück. Eine großartige Tour für sehr ausdauernde Wanderer mit großer alpiner Erfahrung (10 Std., 1650 HM).

Einkehr

Oswaldhütte; unterwegs kaum Quellen, deshalb ausreichend Wasser mitnehmen!

Route

Oswaldhütte → Paindlhütte (½ Std.) → Jagdhütte Grafenherberg (1 ¾ Std.) → Galgenstangenkopf (2 ¾ Std.) → Fermerskopf (3 ½ Std.) → Bayerkarspitze (4 Std.) → Grafenherberg (5 ¾ Std.) → Oswaldhütte (7 Std.)

❗ Unterhalb der **Oswaldhütte** am kleinen Stauwehr den Bach überqueren und leicht versetzt auf dem Pfad in steilen Kehren empor (Jägerstand an Hangkante) → ❗ den Waldweg überqueren und geradeaus über die Lichtung und am Bach entlang zum Forstweg → hier links zur **Paindlalm** → vor der Alm links in den Karrenweg (Verbotsschild für Radler), der später in einen Steig übergeht → ❗ Achtung nach der Rechtskurve in einen **markanten Wandgraben:** Unser deutlich erkennbarer Steig zweigt in sehr spitzem Winkel nach rechts ab → anfangs sehr moderat, später steiler zu den **Jagdhütten der Grafenherberge** hinauf → vor der Hütte Wegabzweig nach rechts → ❗ an der Waldlichtung (Tränke) kurz links halten (Pfadspuren) und rechts Einstieg in den Wald → Aufstieg zum Kamm und auf klar erkennbarem Steig über **Galgenstangenkopf** und **Fermerskopf** zur **Bayerkarspitze** → Rückweg auf der Aufstiegsroute, wobei der Galgenstangenkopf südöstlich umgangen wird

Auf dem Weg zum
Galgenstangenkopf.
Im Hintergrund die
Benediktenwand.

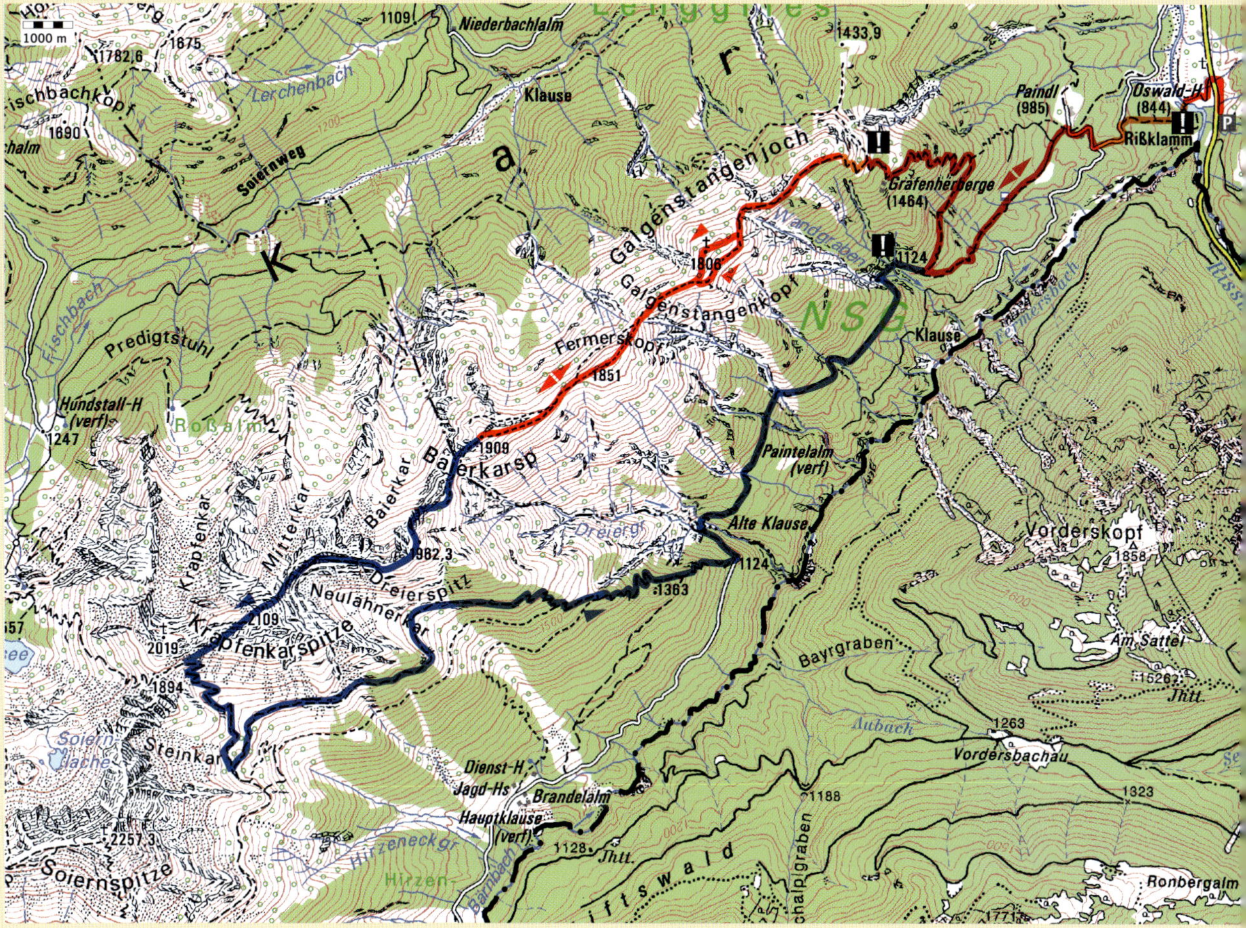

Edelweiß an Felskulisse

Pflanzenvielfalt am Torkopf

Die Bergwiesen am Torkopf sind für ihre Pflanzenvielfalt bekannt. 122 Arten, darunter viele gefährdete und geschützte Pflanzen, wurden zwischen dem Hochleger der Tortalalm und dem Torkopf gezählt. Ein echtes Juwel stellt das Alpen-Edelweiß dar, das im Hochsommer vor allem in den steilen Gipfelwiesen des Torkopfs prächtig gedeiht. Ein Grund mehr, die Zugabe von der Torscharte bis zum Gipfel auf sich zu nehmen!

Das Edelweiß blüht üppig in den Gipfelwiesen des Torkopfs.

Bis auf den Gipfelanstieg ist die Rundwanderung über die Torscharte bestens markiert und frei von jeglichen Orientierungsproblemen. Einziges Manko dieser vielseitigen Rundtour: Die nördliche Karwendelkette versperrt den Fernblick nach Süden. Man kann dieses Manko aber auch als landschaftlichen Reiz empfinden, denn die großartige Felskulisse aus Platten, Pfeilern, Rampen, Rippen, Rissen, Spornen und Überhängen begeistert nicht nur den versierten Kletterer. Höchster Gipfel dieser Kette ist mit 2536 Metern die Östliche Karwendelspitze mit ihrer 700 Meter hohen Nordwand. Nicht minder beeindruckend ist die trapezförmige Erscheinung der westlich angrenzenden Vogelkarspitze, deren Ostkante mit bizarren Felsnadeln bestückt ist. Den vielleicht schönsten Blick auf dieses famose Bergduo genießt man beim Abstieg vom Rohntalboden aus.

Beim Aufstieg zum Hochleger der Tortalalm flößen die Nordabstürze von Kuhkopf, Lackenkarkopf und Grabenkarspitze Respekt ein. Welch Kontrast zu den bunten Blumenwiesen, die den Wanderer beim Aufstieg zum Torjoch begleiten! Unterhalb der Torscharte passiert man die markante Edelweißplatte, doch die größten Edelweißkolonien trifft man erst im Schlussanstieg zum Torkopf an. Denn erst oberhalb von 1800 Metern fühlt sich der vom Aussterben bedrohte, Kieselsäure und Kalkstein liebende Korbblüter richtig wohl. In steilem, alpinem Felsrasen. Der markante Blütenstern, der von den weiß glänzenden, den eigentlichen Blütenstand umgebenden Hochblättern geformt wird, fasziniert das Auge. Grund genug für den Alpenverein, diese selten anzutreffende botanische Schönheit in seinem Logo zu verewigen. Betrachten statt pflücken lautet zum Schutz des Edelweißes die Devise!

Anfahrt

ÖVM Bayerische Oberlandbahn (BOB) nach Lenggries, RVO-Bus 9569 Richtung Eng bis Hinterriss

Auto Ab Bad Tölz B 13 über Lenggries nach Hinterriss (Parkplatz 300 m nach der Ortsdurchfahrt)

Charakter

Bis auf den Anstieg zum Torkopf, der auf schmalem Pfad durch abschüssiges Gelände Trittsicherheit erfordert, ist die gesamte Route gut markiert und beschildert. Im Tor- und Rohntal wandert man auf breiten Kieswegen, der Auf- und Abstieg zur Torscharte erfolgt auf gutem, nur selten steilem Steig.

Einkehr

Rohntalalm (1262 m, Getränke und einfache Speisen während der Almsaison)

Route

Hinterriss → Tortalalm Niederleger (1 Std.) → Tortalalm Hochleger (2 Std.) → Torscharte (2 ½ Std.) → Torkopf (3 Std.) → Torscharte (3 ¼ Std.) → Rohntalalm (4 ¼ Std.) → Hinterriss (5 ½ Std.)

Vom Parkplatz den Wegweisern in das **Tortal** folgen → am Torbach entlang auf dem Forstweg nur leicht ansteigend, zuletzt durch Wald zur **Tortalalm** → Steig über schönes Wald- und Wiesengelände zum **Alm-Hochleger** und steil auf die **Torscharte** → rechts Pfadspuren in eine kleine Einsattelung → ▮ die Südspitze des **Torkopfs** links umgehen (kurzer Abstieg) und wenige Meter über einen Grashang auf die Scharte zwischen Mittel- und Hauptgipfel → über teils abschüssige Grasbänder (kurze, einfache Kletterstelle) zu einer weiteren Einscharung und in wenigen Kehren zum kleinen **Gipfelkreuz** → Abstieg zur **Torscharte** auf derselben Route → Steig über Wiesen und Geröll zur **Rohntalalm** → Fahrweg nach **Hinterriss**

Blick zu Östlicher Karwendel- und Vogelkarspitze beim Aufstieg zum Torkopf

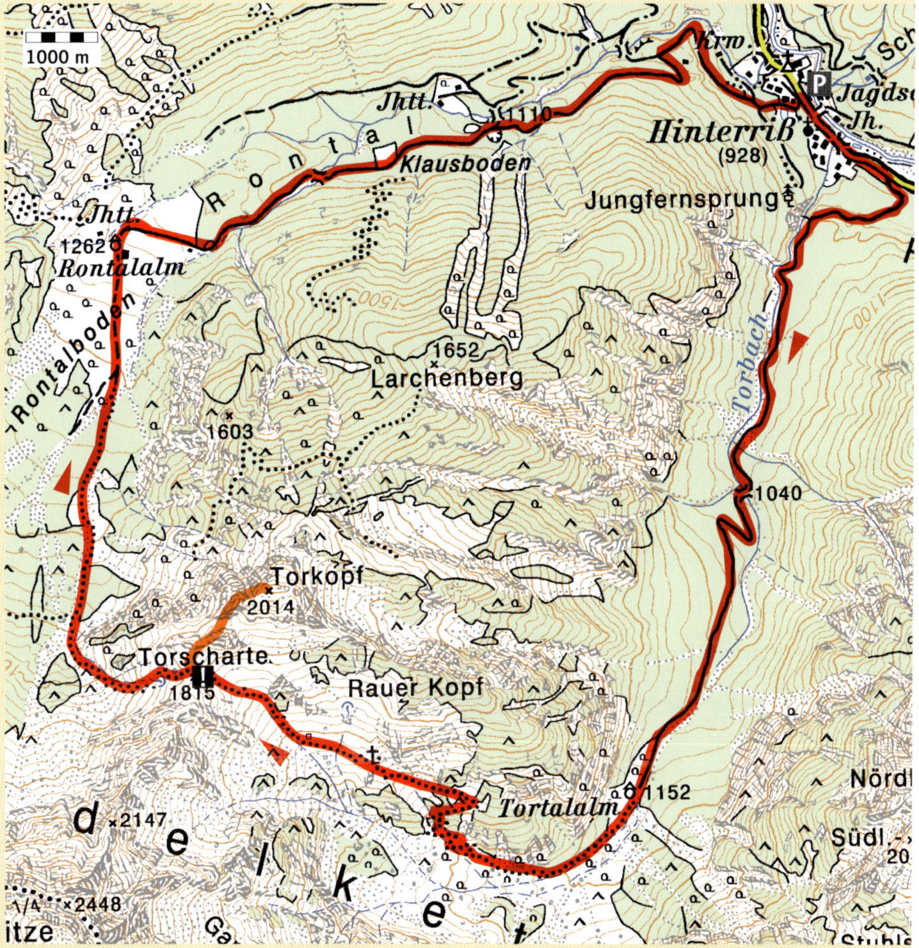

Nesselblättrige Glockenblume unterhalb des Tortalalm-Hochlegers

Rundweg auf der Sonnenseite

Überschreitung der Brunnensteinspitze

Die Idee, den Brunnenstein von der Pirzlkapelle aus zu besteigen, stößt bei der Pensionschefin auf wenig Gegenliebe. Immer diese unerfahrenen Touristen, derentwegen die Bergwacht ausrücken müsste! Dabei verkauft die Touristeninformation in Scharnitz sogar Kompass-Wanderkarten, in denen dieser einsame Anstieg als rot markiert eingezeichnet ist; leider ist der Einstieg an der Pirzlkapelle aus unverständlichen Gründen jedoch nur schwer zu finden! Der Abstieg über den Pürzlgrat ist hingegen nicht zu verfehlen, dafür aber durch leicht ausgesetzte Kraxelstellen und steile Wegpassagen etwas anspruchsvoller.

Pleisenspitzen-Blick beim schattenlosen Anstieg zum Brunnenstein

Knackpunkt der Tour ist das Finden des Einstiegs an der Pirzlkapelle. Etwa 50 Meter nordostwärts der Kapelle zweigt vom Pirzlsteig ein kleiner Pfad in den Wald ab, der sich jedoch in einer unscheinbaren Mulde verliert. Hier wandert man schräg rechts zu einer kleinen Geländekante hinauf und steigt im angrenzenden Minitälchen direkt zu den Felsen empor; zuletzt nehmen Steigspuren und Markierungen deutlich zu.

Fortan ist der Steig durch Steinmandl und verblasste rote Farbtupfer gut markiert und nicht mehr zu verfehlen. Er führt über steile Geröllfelder und Schrofen zwischen Bäumen und Latschen hindurch und gewinnt somit rasch an Höhe; mit jedem Höhenmeter wird der Blick in den Karwendel-Hauptkamm, der sich jenseits der benachbarten Pleisenspitze aufbaut, imposanter. Später lehnt sich das Gelände etwas zurück, der Untergrund wird grasdurchsetzter. Nach einer kleinen Geländestufe taucht am Wiesenabhang das Gipfelkreuz des Brunnensteins über uns auf, doch der Weg quert in Seelenruhe weiter in Richtung Norden. Erst unterhalb der einst bewirteten Tiroler Hütte macht er entscheidend kehrt und führt angenehm über Wiesenmatten und Rotwandlspitze zum Gipfel.

Hier trifft man auf jene Wanderer, die den klassischen Anstieg über die Brunnensteinhütte oder gar über den Mittenwalder Höhenweg gewählt haben – die Stille des Anstiegs, die allenfalls vom Warnpfiff der Gämsen gestört wird, ist mit einem Schlag dahin. Die Gipfelgemeinde bewundert gemeinsam das großartige Panorama, das vor allem durch die vier Karwendelketten gekennzeichnet ist. Im Westen präsentieren sich das Wetterstein- und Estergebirge sowie die Ammergauer Alpen im Hintergrund. Wer sich wieder nach Ruhe sehnt, steigt derweil ein Stück weit den Pürzlgrat hinab. Der steile Abstieg ist stark der Sonne ausgesetzt und nur in Verbindung mit der Aufstiegsroute lohnend. Die letzte Graterhebung, ein jäh abstürzender, kahler Felskegel, wird rechts umgangen, bevor der Steig über den Brunnensteinkopf steil in den bewaldeten Kamm hinabführt. Im Wald lohnt der kurze Abstecher zur Adlerkanzel, die sich erhaben über den Dächern von Scharnitz aufbaut.

Die Rotwandlspitze ist etwas höher als der benachbarte Brunnenstein.

Zischgeles 3004 m, S. 152

Breiter Grieskogel 3287 m

Brunnenstein 2180 m

Rotgruberspitze 3042 m

Sulzkogel 3016 m

Rietzer Grieskogel 2884 m

Pirchkogel 2828 m

Wildgrat 2974 m

Hexenkopf 3035 m

Hoher Riffler 3165 m

Hohe Mund 2662 m

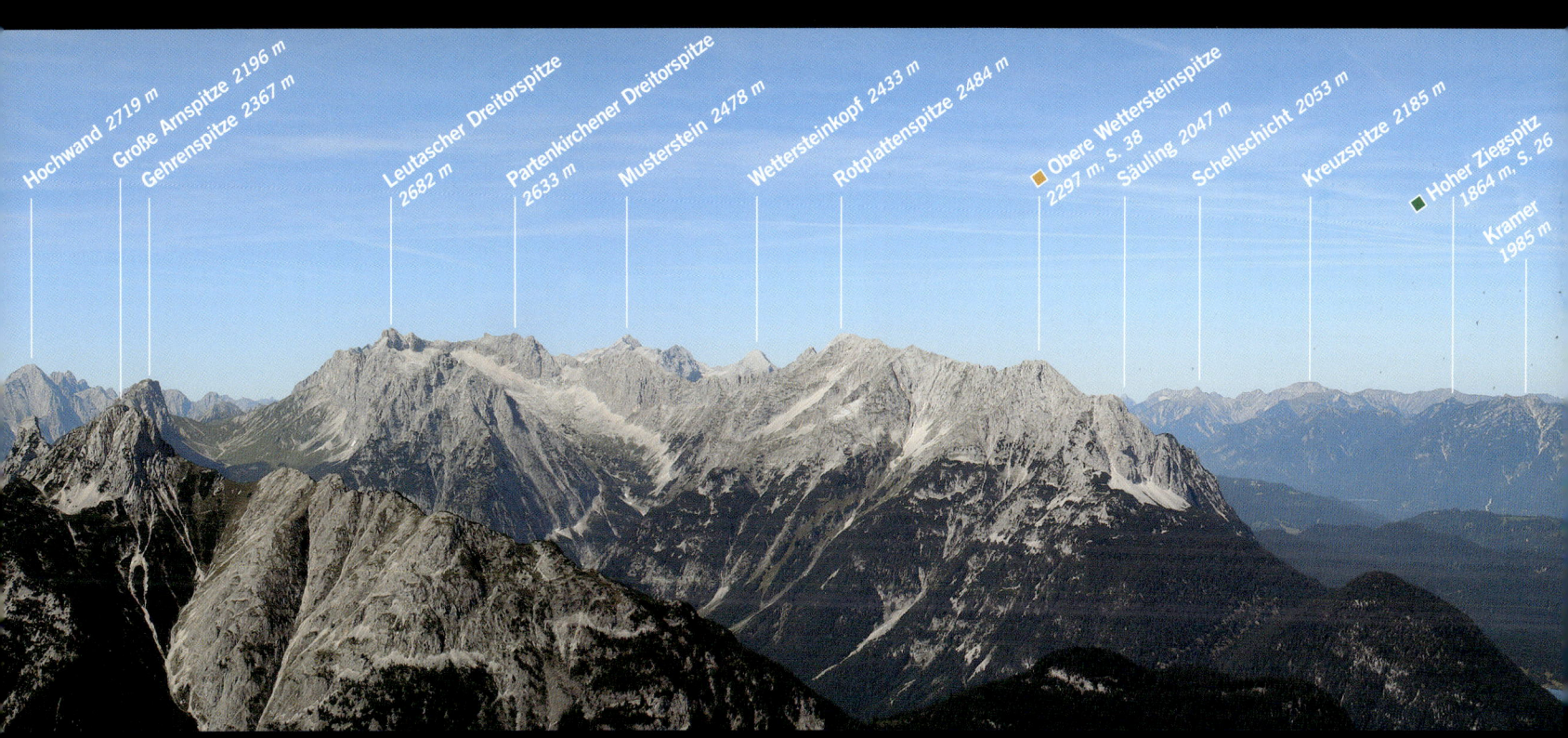

Hochwand 2719 m
Große Arnspitze 2196 m
Gehrenspitze 2367 m
Leutascher Dreitorspitze 2682 m
Partenkirchener Dreitorspitze 2633 m
Musterstein 2478 m
Wettersteinkopf 2433 m
Rotplattenspitze 2484 m
Obere Wettersteinspitze 2297 m, S. 38
Säuling 2047 m
Schellschicht 2053 m
Kreuzspitze 2185 m
Hoher Ziegspitz 1864 m, S. 26
Kramer 1985 m

Anfahrt

ÖVM Mit der Deutschen Bahn von München über Mittenwald nach Scharnitz

Auto A 95 und B 2 über Garmisch und Mittenwald nach Scharnitz, im Ort nach der Isarbrücke links zum ersten großen Parkplatz (gebührenpflichtig)

Charakter

Nach schwieriger Orientierung am Einstieg oberhalb der Pürzelkapelle verläuft der Pfad zwar steil, aber klar erkennbar und unschwierig durch die geröllige Südflanke des Brunnensteins. Der Abstieg über den Pürzelgrat überwindet einige Steilstufen, die sicheres Gehen erfordern. Die Route ist stark der Sonne ausgesetzt, daher bei Hitze meiden!

Über diese breite Südostflanke verläuft der Anstieg zum Brunnenstein (Aufnahme vom Nederweg Richtung Gleirschklamm)

Route

Parkplatz Karwendeltäler → Pürzelkapelle (½ Std.) → Brunnensteinspitze (3 Std.) → Adlerhorst (4 ¾ Std.) → Parkplatz (5 ¼ Std.)

Vom Wanderparkplatz die **Isarpromenade** flussaufwärts → die Brücke überqueren und rechts in den Ortsteil **Inrain** (Ww. Karwendeltäler) → an der Weggabelung links (Ww. **Pirzlkapelle**) → den Waldsteig an einer Sitzbank vorbei zur **Pirzlkapelle** → ❗ 50 m weiter nördlich führt ein deutlicher Pfad links in den Wald → ❗ in einer kleinen Waldsenke (nach 100 m) halbrechts den Hang queren, in das benachbarte Seitentälchen wandern und direkt zum Einstieg empor (Steigspuren; zuletzt rote Markierungspunkte) → in nördliche Richtung anfangs recht steil über Geröll- und Latschenfelder sowie Schrofen, später flacher den Gipfelhang querend über zunehmend grasiges Gelände empor (schwache Markierungen, Steinmandl) → an der **Tiroler Hütte** links über flache Wiesen zur **Rotwandlspitze** und wenige Meter zur **Brunnensteinspitze** absteigen → dem Steig auf dem Südgrat über eine leicht ausgesetzte Schrofenstelle in die Latschenfelder folgen (Ww. Scharnitz über **Pürzlgrat**) → teils steil zwischen den Latschen hindurch abwärts in den Wald → an der Weggabelung Abstecher zur **Adlerkanzel** → in **Scharnitz** links in die Inrainstraße, auf der **Isarpromenade** zur Bachbrücke und zum Parkplatz

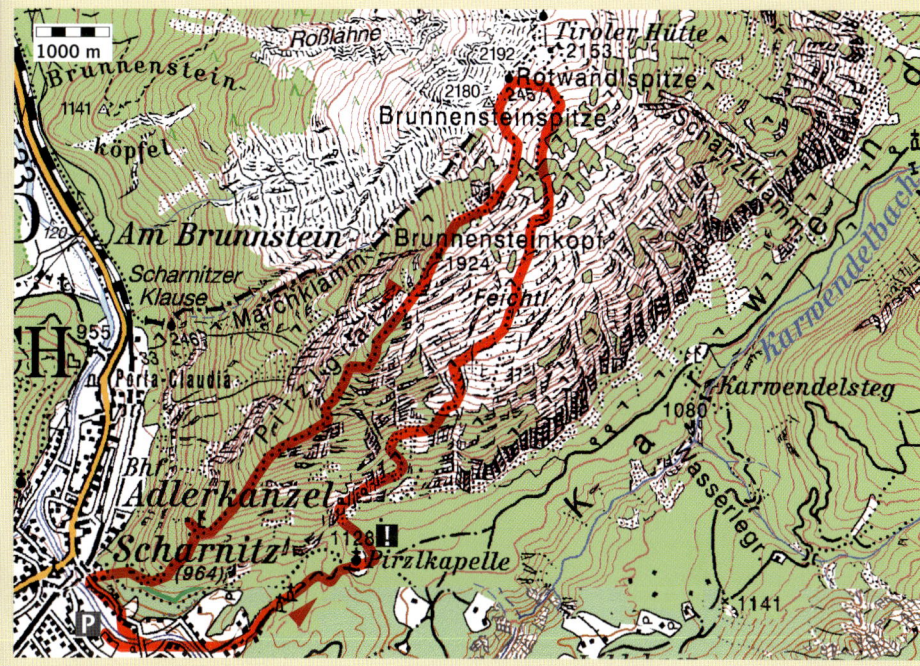

1200 Meter über den Dächern von Scharnitz: Ein Abstieg, der in die Knie geht ...

Endlose Kare,
Wände und Grate

Überschreitung des Hohen Gleirsch

Während des Abstiegs auf dem Westgrat ergeben sich imposante Tiefblicke in die Nordwand des Hohen Gleirsch.

Bei der Überschreitung des Hohen Gleirsch erlebt der Wanderer das Karwendel mit all seinen Facetten: Lange Talhatscher, ausgedehnte Latschen- und Schuttkare an der Südseite sowie luftige Grate mit nach Norden steil abfallenden Felswänden. Geröll, so weit das Auge reicht – nicht umsonst hat der Gleirsch (romanisch: glarea) seinen Namen bekommen. Über dem Buntsandstein treten sogenannte Rauhwacken zutage, die dem Bergsteiger mit ihrer Brüchigkeit wenig Freude bereiten. Doch dieses kleine Manko fällt bei der Begeisterung, die einen spätestens auf dem Westgrat beim Abstieg erfasst, kaum ins Gewicht.

B ereits vom Parkplatz bei Scharnitz ist der Wegverlauf am Hohen Gleirsch gut einzusehen: Im Anstieg strebt man unterhalb der Gratkante dem Gipfel zu, und auch der markante Westgrat zeichnet sich deutlich ab. Bis zum Einstieg hinter dem Gasthof Amtssäge fehlen jedoch rund elf Kilometer, die bis zum Wegabzweig Oberbrunnalm mit dem Rad verkürzt werden können. Hier endet auch der Schluchtweg durch die eindrucksvolle Gleirschklamm, der dem breiten Wanderweg trotz Umwegs vorzuziehen ist. Ebenso zu empfehlen ist eine Übernachtung in der schön gelegenen und von der Familie Kircher sympathisch bewirteten Mösslalm. Bis dahin quert man fast eben die weitläufigen Südwesthänge des Hohen Gleirsch und pirscht sich quasi von hinten an den Gipfel heran.

Wer den langen Anstieg früh genug anpackt, schafft den Steilhang bis zum Gipfelgrat noch, bevor die Sonne hinter dem Oberen Sagzahn hervorlugt. Vor allem an heißen Tagen staut sich die Hitze in den Latschen, und man hat den Berg ganz für sich! An einem schönen Augusttag sehen wir selbst nach einer Stunde Gipfelbrotzeit weit und breit keine Menschenseele – und der Normalweg ist von oben weit einsehbar! Auch die Abstiegsroute über den Westgrat zeichnet sich vom Gipfel klar ab, obwohl außer Steinmandl keine Wegmarkierungen vorhanden sind. Wichtig ist, bei der Gratbegehung weder zu

weit in die Südflanke noch zu dicht an die bis zu 750 Meter, teils senkrecht abfallende Nordwand zu geraten. An einer Stelle führt der Pfad kurz auf die luftige Nordseite des Grates, imposanter Tiefblick inklusive!

Am Markierungspunkt (Holzstäbe, Metallplatte) verlässt man den Grat. Auf Pfadspuren geht es den mäßig steilen Wiesenhang zu den Latschenfeldern hinab. Hier hält man sich schräg links und stößt auf den klar erkennbaren, halbrechts den Hang querenden Pfad, ohne den der Abstieg durch das Latschendickicht nicht möglich ist. Bei Sonne bemerkenswerter Hitzestau, Trinkvorräte also auch für den Abstieg bewahren!

Und fast wären wir auf eine schwarze Kreuzotter getreten, die laut zischend ihr Revier verteidigt. Im zunehmend flachen Wald geht es querfeldein über einen Querweg und einen Forstweg hinab, und wenn man nicht auf große Kolonien von Eierschwammerln (österreichisch für Pfifferling) stößt, ist der restliche Abstieg langsam absehbar …

Zwischendurch leichtes Gehgelände mit Panoramablick

Pleisenspitze 2567 m

Larchetkarspitze 2541 m

Große Riedlkarspitze 2582 m

Breitgrieskarspitze 2590 m

Große Seekarspitze 2679 m

Marxenkarspitze 2636 m

Ödkarspitzen 2745 m

Birkkarspitze 2749 m

Kaltwasserkarspitze 2733 m

Gehzeit 10 ½ Std. (7 ¾ Std. ab Amtssäge / Möslalm) | Höhenmeter 1700 (1250 ab Amtssäge / Möslalm)

Route

Parkplatz Karwendeltäler → **Gleirschklamm (1 Std.)** → **südliche Klammbrücke (1 ½ Std.)** → **Weggabelung am Fahrweg (1 ¾ Std.)** → **Amtssäge (2 ¾ Std.)** → **Latschenmulde im Riegelkar (3 ¾ Std.)** → **Hoher Gleirsch (6 Std.)** → **Abzweig Nordwestgrat (7 Std.)** → **Latschenfelder (7 ½ Std.)** → **Forstweg Blutsgraben (8 ½ Std.)** → **Weggabelung am Fahrweg (9 Std.)** → **nördliche Klammbrücke (9 ½ Std.)** → **Parkplatz Karwendeltäler (10 ½ Std.)**

Vom Wanderparkplatz der Teerstraße folgen und nach dem Kieswerk rechts die Isar überqueren → auf dem **Isarsteig** über die Kreidebrücke bzw. Niederweg in stetem Auf und Ab in die **Gleirschklamm** (Ww. vorhanden) → die anfangs enge Klamm auf dem teils gesicherten Steig (Drahtseile) durchqueren → am **Abzweig Oberbrunnalm** links nach der Brücke eine Waldstufe hinauf und über eine weitere **Bachbrücke** zum Fahrweg empor → am Wegkreuz rechts auf dem Fahrweg zur **Amtssäge** → etwas oberhalb auf dem Weg zur Möslalm links in den Waldpfad abzweigen und in großzügig angelegten Serpentinen aufwärts (Ww. Hoher Gleirsch) → **!** im **Riegelkar** nicht dem Pfad geradeaus folgen, sondern links über ein steiles Schuttfeld zum **Südgrat** → **!** durch Latschenfelder am Südwesthang in den weiten Bergkessel unterhalb des auftauchenden Gipfels, hier halbrechts zu den Felsen hin, dann links den Hang querend mühsam zum Grat empor → über ein Schotterfeld zum **Gipfelkreuz** → **!** am **Westgrat** den Pfadspuren teils auf dem Grat, teils wenige Meter unterhalb abwärts folgen (Steinmandl, kurze Kletterabsätze!) → **!** an der verrosteten Metallplatte (Holzstäbe!) den Grat direkt nach Süden über den mäßig steilen Wiesenhang weglos verlassen → **!** bei den ersten **Latschenfeldern** schräg links halten → **!** Einmündung in einen Pfad, der sich durch das Latschendickicht abwärts windet → **!** nach einer Hangquerung Pfadende oberhalb des Blutsgrabens (nicht einsehbar), hier links weglos durch den zunehmend flachen Wald hinab → den oberen Forstweg geradewegs überqueren → in den unteren Forstweg rechts einbiegen, über den **Blutsgraben** queren und zur Weggabelung am Fahrweg hinab → auf der Aufstiegsroute zum Parkplatz in **Scharnitz**

Spritzende Regenbogen-Gischt in der Gleirschklamm

Anfahrt

ÖVM Mit der Deutschen Bahn von München über Mittenwald nach Scharnitz

Auto A 95 und B 2 über Garmisch und Mittenwald nach Scharnitz, im Ort nach der Isarbrücke links 1 km zum Parkplatz am Eingang der Karwendeltäler (gebührenpflichtig)

Charakter

Bis zur Amtssäge einfache Wanderung auf Steigen (Trittsicherheit in der Gleirschklamm vonnöten) und Forstwegen. Anstieg zum Hohen Gleirsch im Wald- und Latschenbereich moderat, im oberen Drittel steil und leicht ausgesetzt (teils nur Pfadspuren). Gratbegehung mit kurzen, selten luftigen Kletterstellen (I). Abstieg durch die breite Südwestflanke teilweise weglos, Wegfindung im Latschenfeld dringend erforderlich! Nur für erfahrene und orientierungssichere Wanderer!

Bike

Von Scharnitz auf dem Fahrweg über Gleirschhöhe und Isarbrücke zur Weggabelung im Gleirschtal (Abzweig Oberbrunnalm und Einmündung Forstweg im Abstieg; 8 km, Wegersparnis 2 ½ Std.). Radverleih am Bahnhof Scharnitz. Ohne Bike ist für die Wanderung eine Übernachtung auf der Möslalm (Amtssäge) zu empfehlen.

Info

Je nach Bedarf verkehrt das Karwendel-Taxi in das Gleirschtal (Anmeldung: Martin Mair, Tel. ++43-5213-5363)

Einkehr / Übernachtung

Gasthof Amtssäge (1223 m), Tel. ++43-664-281 89 14, Mai bis Oktober; Möslalm, Tel. ++43-664-914 26 70, Mai bis Oktober; am Berg ausreichend Wasser mitführen!

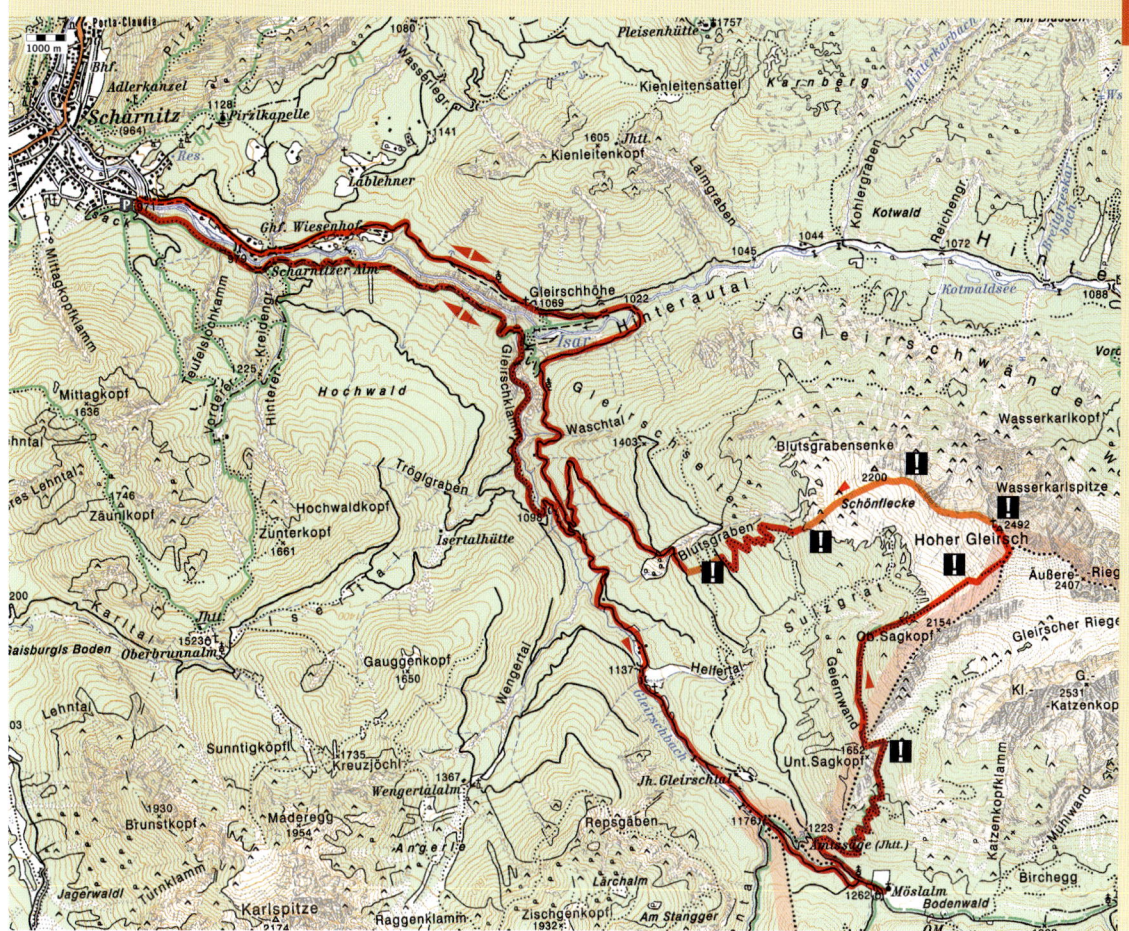

Sturm, Eis und Wechten

Überschreitung zweier Unnutze

Das Unnutz-Massiv zieht sich mit drei Gipfeln in Nord-Süd-Richtung respektabel in die Länge. Im Gegensatz zum Vorderunnutz, der nach bequemem Anstieg über die Südseite einen phantastischen Blick auf den Achensee bietet, wird der Verbindungsgrat relativ wenig begangen. Dabei stellt die lohnende Überschreitung den geübten Wanderer vor keinerlei Probleme. Es sei denn, man sucht bei vorwinterlichen Bedingungen mit Föhnsturm, Eisfeldern und Schneewechten die alpine Herausforderung ...

Genussreicher Anstieg zum Hochunnutz; rechts neben der Wanderin ist das Gipfelkreuz des Vorderunnutz erkennbar.

Bei frühem Aufbruch liegt die Westflanke des Unnutz noch im Schatten. Nach kurzer Trinkpause an der verschlafenen Zöhreralm strebt der gut angelegte Steig steil durch Latschen und über Schrofen dem Bergkamm zu. Das markante Kreuz stellt wohl eine Art Gipfelersatz für den Hinterunnutz dar, den man in der Regel links liegen lässt; dichter Latschenbewuchs und die im Vergleich kaum bessere Aussicht machen eine Besteigung nicht lohnend.

Der Blick nach Süden ist durch den Hochunnutz versperrt, der sich – obwohl nur hundert Meter höher – wie ein mächtiges Walross vor uns aufbaut. So unfotogen der Berg aus dieser Perspektive wirken mag, seine Besteigung ist dafür umso schöner. Nach kurzem Abstieg in eine breite Einsattelung mit angrenzendem Hochplateau in Richtung Guffert folgt der Anstieg über eine lichte Latschenzone zum Gipfelstock. Um das Graterlebnis voll auszukosten, wandert man nicht direkt über den breiten Rücken,

sondern halblinks haltend zur Kante und erhascht somit auch schon mal einen Blick auf den Vorderunnutz. Angesichts der gewaltigen Schneewechte, an der wir die letzten Meter zum Kreuz wandern, schlägt unser Bergsteigerherz höher!

Am Hochunnutz kommen erste Zweifel auf, ob die Gratüberschreitung bei diesen vorwinterlichen Bedingungen wohl gelingen mag. Das Passieren vereister Schneefelder und knietiefes Spuren in windgeschützten Latschenmulden war bislang aufgrund des einfachen Geländes kein Problem gewesen; Richtung Vorderunnutz aber nimmt der Grat deutlich alpinere Züge an, und auch der bislang kaum wahrnehmbare Föhn peitscht nun auf Sturmniveau über den exponierten Kamm ...

Da der klar erkennbare Steig meist westseitig des Gratkamms verläuft, erweist sich der Abstieg in die Einsattelung zwischen den Gipfeln mangels Schnee als einfach. Im Gipfelanstieg aber wechselt der Steig rasch auf die schattige Nordostseite des Berges.

Ohne Steigeisen wagen wir es nicht, das gefrorene, über einer Felskante verlaufende Schneefeld zu queren. Der Versuch, direkt über den Grat – nur eine kurze Zweierstelle, ansonsten griffiger Fels! – hochzuklettern, scheitert an vereisten Passagen und dem unberechenbaren Wind. Folglich queren wir weglos in die Nordwestflanke und steigen durch eine apere Felsrinne sowie über steile Grasstufen zum Gipfel des Vorderunnutz empor.

Der Achensee glitzert im Sonnenlicht wie tausend Wunderkerzen, was für eine freundliche Begrüßung! Dahinter ragen die dunklen Karwendelketten mit ihren zackig-spitzen Gipfeln in den Himmel. Dass der Vorderunnutz ein großartiger Aussichtsberg ist, wussten wir von früheren Besteigungen. Auch die gewisse Windexponiertheit war uns bekannt: Meterhoch türmen sich die Schneewechten bereits im Vorwinter. Und zwar nicht nur am Grat, sondern auch in jener ausgeprägten Mulde, die wir südlich des Gipfels im Abstieg durchwandern! Der bequeme Abstieg auf der Normalroute erweist sich mit Blick in die Nachmittagssonne als Hochgenuss. Schade nur, dass die Köglalm zu dieser Jahreszeit schon geschlossen hat. Doch das vermag unsere stille Freude ebenso wenig zu trüben wie der abschließende Talhatscher von Achensee nach Achenkirch, den wir als Wegzoll für die großartige Überschreitung gerne in Kauf nehmen.

An der Südseite des Vorderunnutz bilden sich meterhohe Schneewechten.

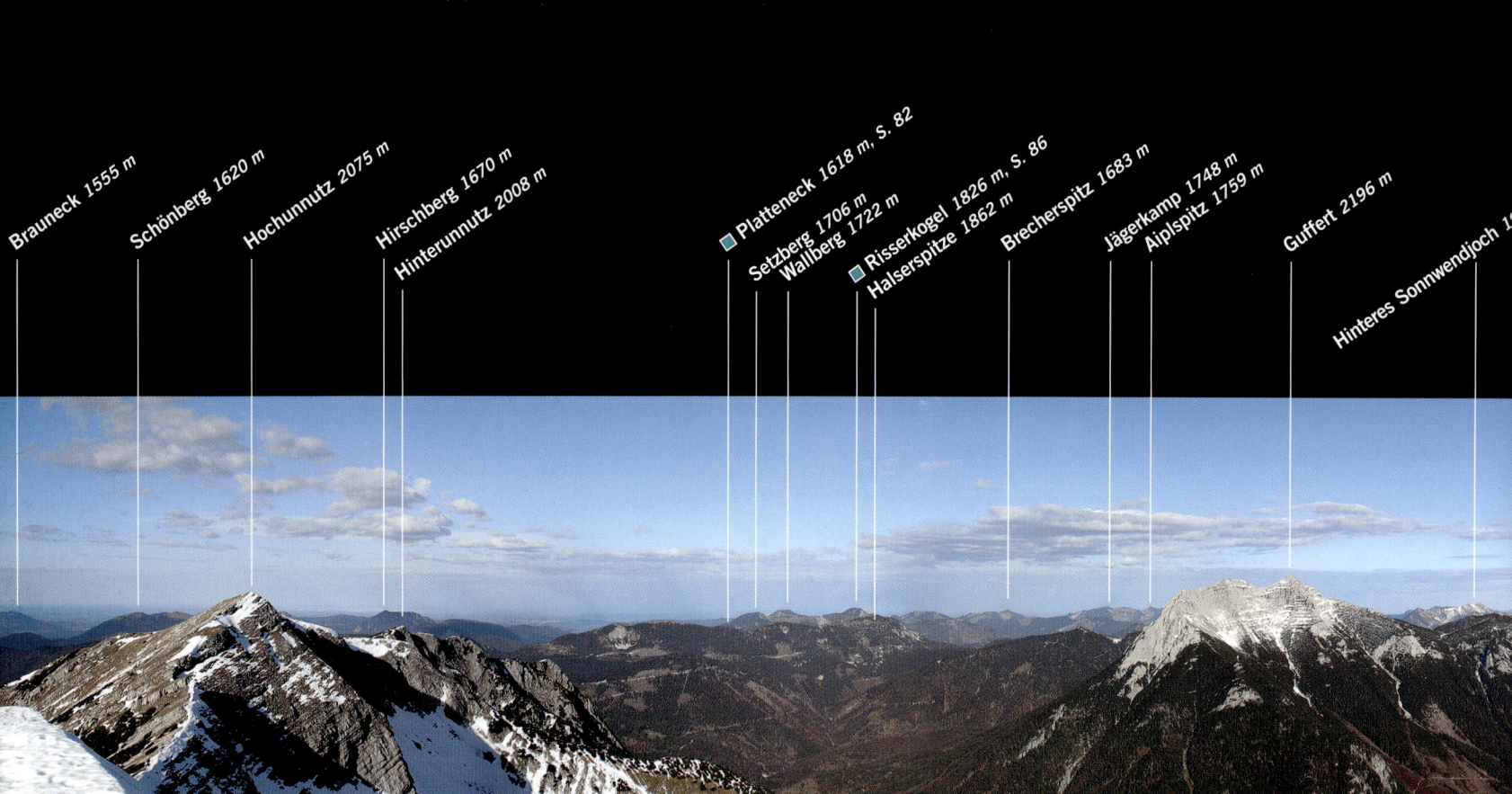

Brauneck 1555 m
Schönberg 1620 m
Hochunnutz 2075 m
Hirschberg 1670 m
Hinterunnutz 2008 m
Platteneck 1618 m, S. 82
Setzberg 1706 m
Wallberg 1722 m
Risserkogel 1826 m, S. 86
Halserspitze 1862 m
Brecherspitz 1683 m
Jägerkamp 1748 m
Aiplspitz 1759 m
Guffert 2196 m
Hinteres Sonnwendjoch 19

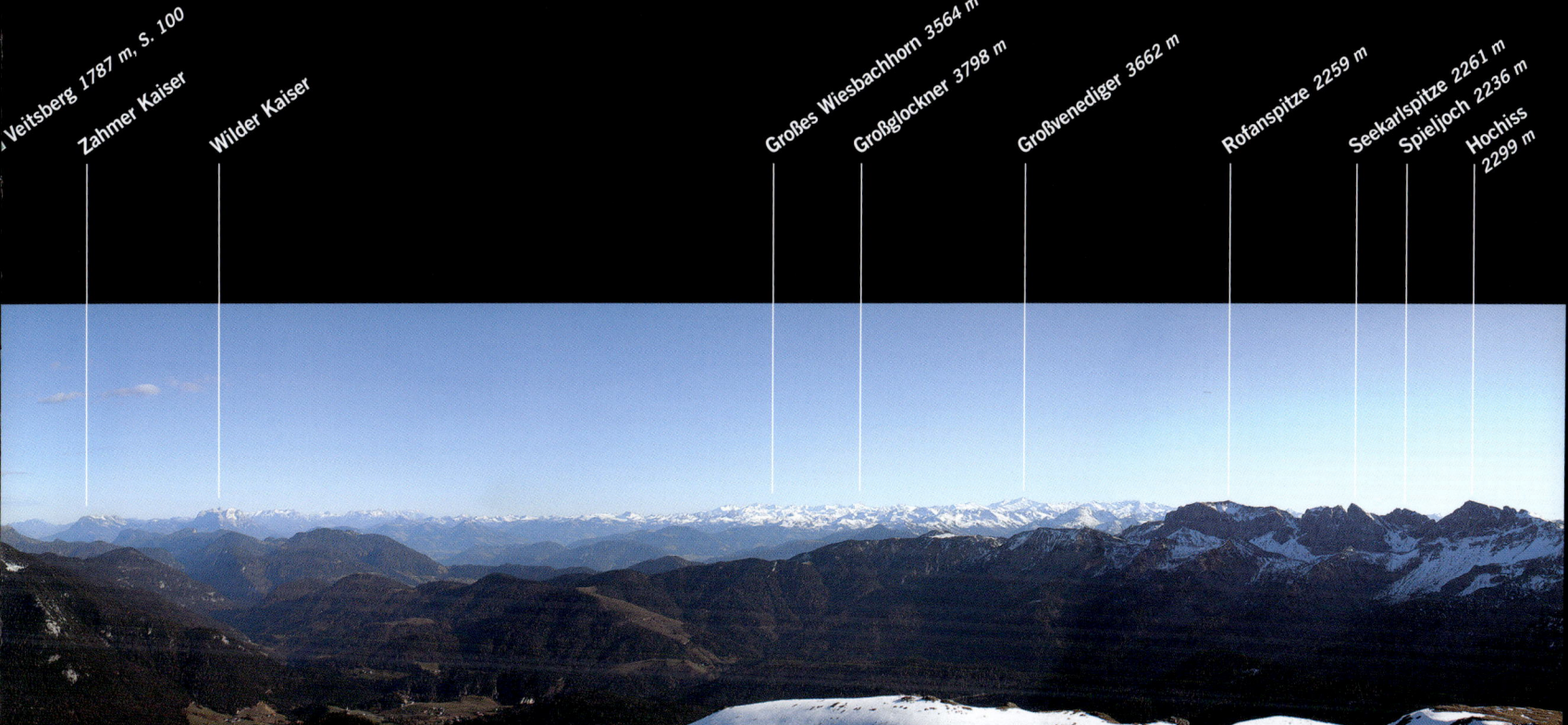

Veitsberg 1787 m, S. 100

Zahmer Kaiser

Wilder Kaiser

Großes Wiesbachhorn 3564 m

Großglockner 3798 m

Großvenediger 3662 m

Rofanspitze 2259 m

Seekarlspitze 2261 m

Spieljoch 2236 m

Hochiss 2299 m

Anfahrt

Auto B 307 über Tegernsee oder B 13 ab Bad Tölz über Sylvensteinspeicher Richtung Achensee, in Achenkirch großer Parkplatz an den Sonnbergliften

Charakter

Der Aufstieg zu den Unnutz-Gipfeln führt oberhalb der Zöhreralm durch steiles Schrofen- und Latschengebiet. Vom Orientierungskreuz nach kurzem Zwischenabstieg großartige Gratwanderung über den Hochunnutz zum Vorderunnutz; der letzte Anstieg (hier nur Pfadspuren) erfordert Trittsicherheit und Schwindelfreiheit (einfache Kletterstellen, bei Schnee oder Vereisung heikel!). Genussvoller Abstieg auf markiertem Steig über Köglalm und Panoramaweg zum Ausgangspunkt.

Einkehr

Zöhreralm (1334 m), Tel. ++43-664-5401687, Mai bis Allerheiligen 10–16 Uhr; Köglalm (1431 m), Tel. ++43-5246-6001 oder -6562, Mai bis Oktober bei schönem Wetter

Route

Achenkirch → Zöhreralm (1 Std.) → Kreuz am Hinterunnutz (2 ½ Std.) → Hochunnutz (3 ¼ Std.) → Vorderunnutz (4 Std.) → Köglalm (5 ¼ Std.) → Achensee (5 ¾ Std.) → Achenkirch (6 ½ Std.)

Vom Parkplatz am **Sonnberglift** auf dem Fahrweg nordwärts bergan → nach wenigen Minuten Abzweig **Zöhreralmsteig** → am oberen Fahrweg ca. 200 Meter nach links und rechts weiter auf dem Steig zur **Zöhreralm** → von der Alm direkter Aufstieg über teils steile Latschen- und Schrofenhänge zum weithin sichtbaren Orientierungskreuz am **Hinterunnutz** → kurzer Abstieg in eine breite Einsattelung → halblinks durch den Latschenhang zum Gipfelkamm und im Bogen zum **Hochunnutz** empor → unschwierig stets auf dem Grat in die Einsattelung zwischen den Gipfeln absteigen → ▮ nach kurzer Querung an der Westflanke führt der Pfad in die schattige Nordostseite und mit leichten Kletterstellen zum Gipfel des **Vorderunnutz** → Abstieg nach Süden über flaches Wiesengelände, einen steilen Latschenhang und durch lichten Wald → an der Weggabelung rechts zur **Köglalm** → unterhalb der Alm den Steig durch Wald abwärts → nach Querung einer kleinen Bachschlucht an der Weggabelung rechts (oberer Weg; Ww. Achenkirch) → am Fahrweg links → an der T-Kreuzung im Talboden beim Ort **Achensee** rechts (Ww. **Panoramaweg**) → nach kurzem Gegenanstieg zurück zum Ausgangsort

Der Guffert erhebt sich
über dem Hochplateau
zwischen Hinter- und
Hochunnutz.

Achensee

Zöhreralm
1334

Hinterunnutz
2007

1160

Rodelbahn

Adlerhorst

1226

P

Wiedenmahd

916

Hochunnutz
2075

Wssf.

Reš.

2078
Vorderunnutz

Schaar

935

1710

Schönjoch

1289

Scholastika
Jhtt.

Köglalm
1428

Kögljoch

934   Schst.

1299

OM Kögljoch

Kögljoch
Q.

Bequeme Aussichtskanzel

Über das Platteneck zum Schildenstein

Während die Blauberge bei schönem Wanderwetter vollkommen überlaufen sind, ist das westlich angrenzende Platteneck so gut wie menschenleer. Dabei ist der Berg sogar fünf Meter höher als der benachbarte Schildenstein! Und auf den großzügigen Gipfelwiesen findet man bei schönem Panoramablick auf Achensee, Karwendel und Zugspitze unzählige lauschige Brotzeit- und Ruhenischen.

Schwungvoll dem Schildenstein entgegen; im Hintergrund der Risserkogel (siehe Tour 17)

Der Anstieg zur Königsalm verläuft noch auf der Normalroute, doch dann führt ein schön angelegter Steig in entlegene Bergregionen. Man erspäht ihn oberhalb jener Almwiese, die sich wenige hundert Meter westlich der Königsalm in einem kleinen Seitental verbirgt; ebenfalls gut zu sehen ist der kleine Felskopf, der im Lauf des Anstiegs links umgangen wird. Nach einer kurzen, etwas mühsamen Steilstufe wird der Pfad immer klarer und angenehmer zu gehen. Wie einsam die Route ist, zeigt der Sensationsfund eines 300 Gramm schweren, wurmfreien Steinpilzes an Allerheiligen knapp unterhalb der Schneegrenze in schattiger Lage!

Nach zügigem Anstieg quert der Steig durch einzelne Kare nach Südwesten, das Gelände flacht deutlich ab. Am Bergkamm stößt man auf eine begraste Geländemulde: Während der Jägersteig nach rechts um das Platteneck zur Plattenalm herumzieht, führt unsere nun weglose Route in östliche Richtung auf die Sonnenseite des Berges. Das Platteneck umfasst einen soliden Gebirgsrücken mit vier kleinen Gipfelerhebungen – die beiden östlichen liegen auf unserer Route. Die Orientierung zum höchsten, mit einem Grenzstein markierten Punkt ist denkbar einfach: Man wandert an geeigneter Stelle zwischen lichtem Baum- und Latschenbewuchs über die flachen Wiesen hinauf.

Unterwegs laden zahlreiche bequeme Sitz- und Liegenischen zum längeren Verweilen ein – in entspannter Schräglage wirkt selbst die Novembersonne angenehm warm! Direkt im Süden liegt uns der Achensee mit dem Hochunnutz zu Füßen, und rechts hinter dem Guffert lugt gerade noch der Großvenediger hervor.

Mit der Brotzeit und Entspannung rinnt die Zeit davon, was von uns durchaus so beabsichtigt ist. Denn mit dem späten Sonnenlicht steht quasi als Zugabe noch der Schildenstein auf dem Programm, und um nach den Stunden der wohltuenden Einsamkeit nicht in allzu großen Trubel zu geraten, lohnt es sich zu warten, bis das Gros der Wanderer von diesem beliebten Berg abgestiegen ist. Zwischen den östlichen Platteneck-Erhebungen liegt eine kraterähnliche Vertiefung, die wir südwärts umgehen. Dann führt uns ein solider Pfad in eine Einsattelung und auf den offiziellen Wanderweg zum Schildenstein.

Der Blick auf den Blauberggrat ist vom nahen Gipfel sehr beeindruckend, und der Guffert dominiert das Mangfallgebirge mit seiner mächtigen Gestalt. Mit den letzten warmen Sonnenstrahlen steigen wir zum Graseck ab, dann geht es zur Königsalm, die zu

dieser Jahreszeit längst geschlossen hat. Das sogenannte Kavalierhaus mit dem Salon im hölzernen Obergeschoss wurde 1818 von Bayernkönig Maximilian I. eingeweiht, der sich hier oft aufgehalten haben soll. Noch imposanter ist der 46 Meter lange Stall aus dem 18. Jahrhundert, ein Unikum im gesamten Oberland. Im Sommer werden rund hundert Rinder und einige Haflinger aus der herzoglichen Zucht auf die Alm getrieben.

Herbstliche Genuss-wanderer auf dem Weg zum sonnenüberfluteten Platteneck

Anfahrt

ÖVM Bayerische Oberlandbahn (BOB) nach Tegernsee, RVO-Bus 9556 Richtung Pertisau bis zur Winterstube

Auto B 307 über Tegernsee und Kreuth bis zum Parkplatz an der Winterstube (links am Bachufer)

Charakter

Einfache Wanderung mit großem Genusspotential. Nach gemütlichem Auftakt auf dem Forstweg führt von der Königsalm der unmarkierte Jägersteig durch die Nordflanke zum Platteneck, das weglos über flache Wiesen von West nach Ost überschritten wird. Abstieg vom frequentierten Schildenstein auf markierten Wegen.

Bike

Von der Winterstube zur Königsalm und zurück (7 km; Wegersparnis 1 ¾ Std.)

Einkehr

Königsalm (1114 m), Tel. 01 51 - 50 11 26 86, Mitte Juni bis Mitte September, Di. Ruhetag

---

Winterstube → **Almweide Königsalm (1 Std.)** → **Abzweig Platteneck (2 ¼ Std.)** → **Platteneck (2 ½ Std.)** → **Schildenstein (3 ¼ Std.)** → **Königsalm (4 ¼ Std.)** → **Winterstube (5 Std.)**

Am Parkplatz die **Weißachbrücke** überqueren und rechts Anstieg durch den Bergwald (Ww. Königsalm) → auf der buckligen Almweide an der Weggabelung rechts → **!** kurz vor Erreichen der **Königsalm** in der Geländemulde rechts wenige Meter eben über die Almwiese und auf dem klar erkennbaren Steig an einem **Felskopf** vorbei erst durch Wald, später durch Latschenfelder empor → **!** nach Querung der Nordwesthänge in der auffallenden Mulde den Steig halblinks verlassen und weglos auf der begrasten Südseite des **Plattenecks** in angenehmer Steigung zum höchsten Punkt (Markierungsstein) → **!** ca. 50 m wieder zurück, die kraterähnliche Geländevertiefung an der Baumgruppe vorbei südwärts umwandern und zwischen Latschen zum **östlichen Platteneck** hinauf → **!** Abstieg auf schwach markiertem Pfad → an der Weggabelung rechts auf markiertem Steig zum **Schildenstein** empor → Abstieg bis zum **Graseck** und links zur **Königsalm** → Almweg zur Aufstiegsroute und Forstweg zur **Winterstube**

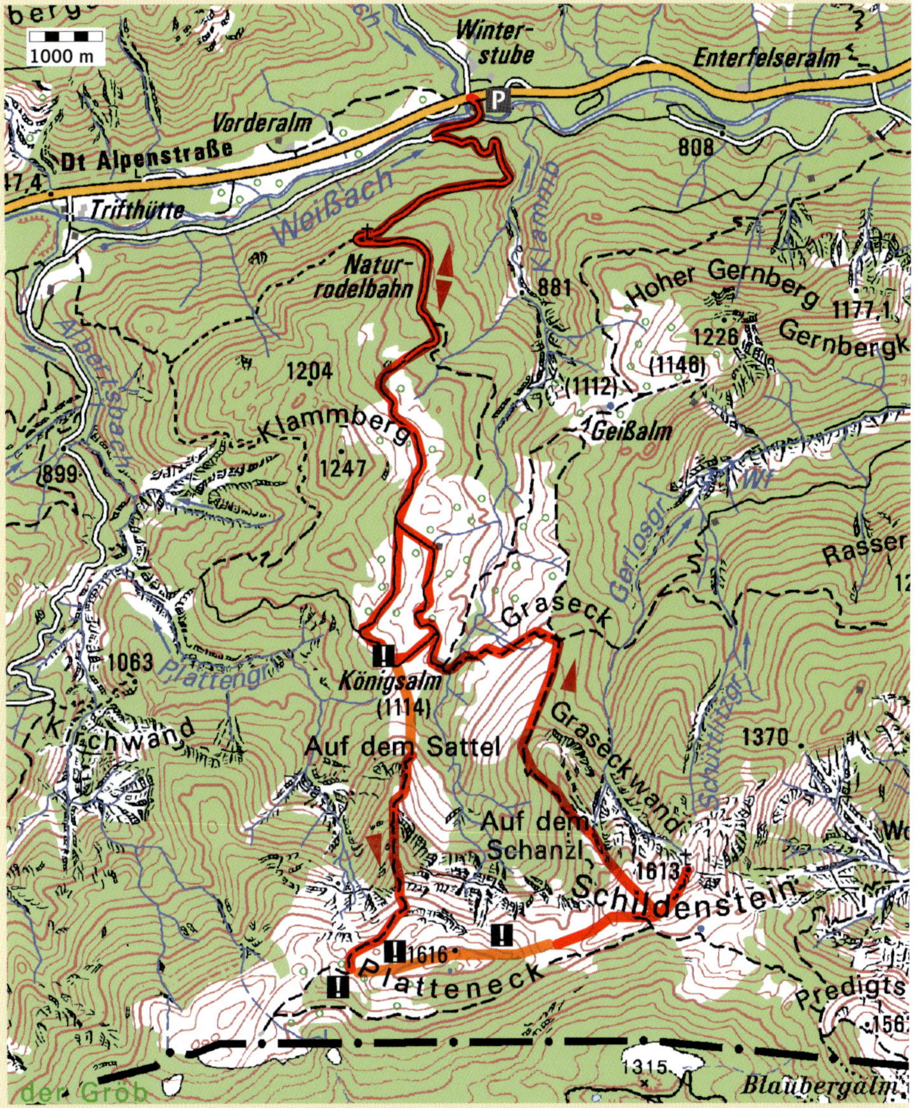

1000 m

Winter-
stube

Enterfelseralm

Vorderalm

Dt Alpenstraße

Tritthütte

Weißach

808

Naturrodelbahn

881

1204

Hoher Gernberg 1177,1

Gernbergk

1226

(1148)

(1112)

Geißalm

Klammberg

1247

(899)

Plattengr.

1063

Graseck

Kirchwand

Königsalm

(1114)

Auf dem Sattel

Graseckwand

Auf dem Schanzl

1613

1370

Schildenstein

Rasser

1616

Platteneck

Predigts

der Grob

1315

Blaubergalm

*Am Gipfelfelsen des
Schildsteins mit Blick
auf die Blauberge*

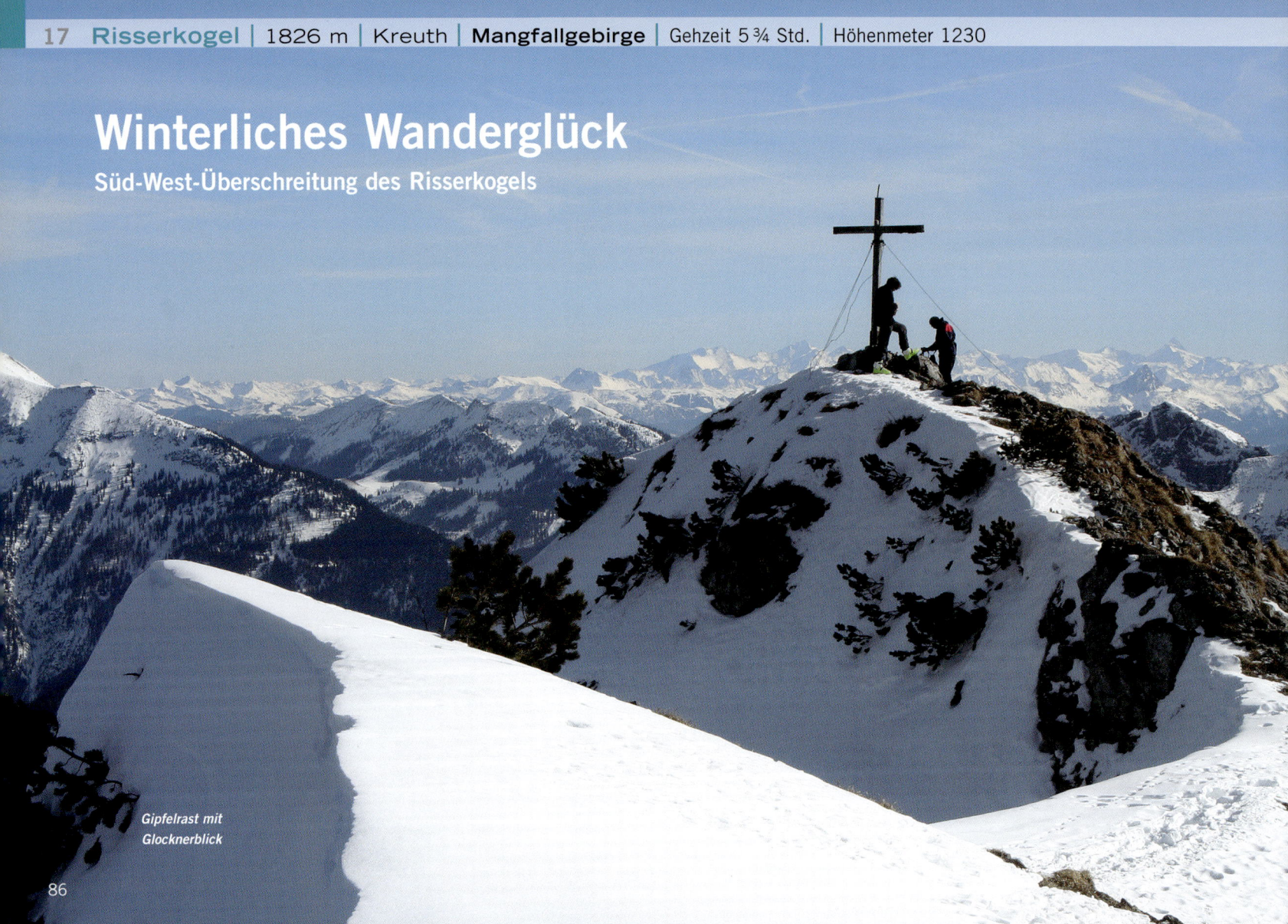

Winterliches Wanderglück

Süd-West-Überschreitung des Risserkogels

Gipfelrast mit Glocknerblick

Bereits der Normalweg zum Risserkogel ist im Winter je nach Bedingungen eine alpine Herausforderung, da er über den langgezogenen, leicht ausgesetzten Westgrat zum Gipfel führt. Nach drei erfolgreichen Winterbegehungen – wovon eine als Training für ein zwölftägiges Nepaltrekking diente! – entscheiden wir uns dieses Mal für den Anstieg über den Südgrat. Eine landschaftlich überaus reizvolle, absolut einsame Variante, die jedoch lawinensichere Verhältnisse erfordert.

Im oberen Bereich sind die freien Südhänge oft über 30 Grad steil und für Lawinen nach starken Schneefällen bei starker Sonneneinstrahlung somit anfällig. Bei viel Schnee erweist sich zudem die Querung zur Rissalm im meist ungespurten Gelände als kräftezehrend – es sei denn, man ist mit Schneeschuhen unterwegs. Abgesehen von den etwaigen Widrigkeiten ist die Gipfelrunde am Risserkogel aber überaus lohnend, da man während der ausgedehnten Gratüberschreitung das Bergpanorama über mehrere Stunden hinweg genießen kann: Großartig ist der Blick auf die Hohen Tauern sowie auf das Karwendel-, Wetterstein- und Mangfallgebirge.

Spätwinter. Nach einer längeren Trockenperiode sind die Südhänge bis knapp unterhalb der Ableiten-Alm größtenteils ausgeapert. Im Talgrund herrscht mäßiger Frost, das Glatteis erweist sich vor allem bei der Querung des Hirschtaler Berggrabens knapp oberhalb der Talsohle als etwas heikel. Wenige Höhenmeter später ist der Steig trocken, oberhalb der Scheuereralm lichtet sich der Wald und die wärmende Sonne sorgt für angenehme Temperaturen. An der Ableiten-Alm visieren wir fast obligatorisch für die erste Trinkpause das südseitige Hüttenbankerl an, das dank des frühen Aufbruchs noch kein „Konkurrent" in Beschlag genommen hat.

Oberhalb der Alm wird das Gelände steiler, doch der Schnee macht einen zuverlässigen Eindruck. Nach der kalten Nacht firnt er langsam auf, sodass die Querung zur Rissalm ohne stetes Einbrechen Freude bereitet. Im Gegensatz zum Normalweg zeigt sich das Gelände hier in noch jungfräulichem Zustand. Hinter einer Geländekante öffnet sich ein weites Kar, in das man leicht absteigend hineinwandert, um dann an den Südwesthängen des Risserkogels in die Geländemulde bei der verfallenen Rissalm hochzuqueren. Hier setzt der steile Südgrat zum gut 300 Meter höheren Gipfel an, den wir bei idealen Bedingungen – das rhythmische Stufenschlagen im noch harten Schnee funktioniert reibungslos – zwischen einzelnen Latschen hindurch erreichen.

Der Abstieg erfolgt auf dem langen Westgrat mit herrlichem Blick auf den benachbarten Plankenstein, an dessen Südwand sich bereits die ersten Saisonkletterer versuchen. Südlich der Gratkante geht es in Latschengassen stufenweise bergab, Drahtseile helfen über leichte Kletterfelsen hinweg. Vor Erreichen des Gruberecks flacht der Grat ab, am tiefsten Punkt steigt – oder besser: rutscht man die steilen Schneefelder zur Ableiten-Alm hinab. Ob das sonnige Brotzeitbankerl mit dem letzten ungetrübten Blick auf die Blauberge noch frei ist, kann an dieser Stelle jedoch nicht garantiert werden …

Anfahrt

ÖVM Bayerische Oberlandbahn (BOB) nach Tegernsee, RVO-Bus 9556 nach Wildbad Kreuth

Auto B 307 über Tegernsee bis zum Parkplatz Wildbad Kreuth, hier die Brücke überqueren und links bis zum Parkplatz unterhalb der Schwaiger Alm

Einkehr

Schwaiger Alm, Kreuth, Tel. 0 80 29 - 272, www.schwaigeralm.de

Charakter

Bis zur Ableiten-Alm geht es auf markierten Wegen meist durch Wald die mäßig steilen Südhänge empor. Oberhalb der Almen steiles Wiesengelände, daher nur bei günstiger Schnee- und Lawinenlage machbar! Die Querung zur Rissalm erfordert Orientierungssinn, die Gratüberschreitung Trittsicherheit.

Bike

Von der Schwaigeralm bis zum Einstieg und zurück (4 km; Wegersparnis ½ Std.)

Plankenstein und Wallberg

Route

Parkplatz Schwaiger Alm → Abzweig Risserkogel (20 Min.) → Ableiten-Alm (1 ¾ Std.) → Rissalm (2 ½ Std.) → Risserkogel (3 ¼ Std.) → Ableiten-Alm (4 ¼ Std.) → Parkplatz (5 ¾ Std.)

Vom Parkplatz über die nahe **Schwaiger Alm** den Forstweg am Sagenbach entlang talein (Ww. Risserkogel) → im Wald zweigt links der markierte, teilweise über steile Geländeabschnitte führende Steig über die **Scheuerer Alm** zur **Ableiten-Alm** ab → ⚠ an der Alm nach rechts anfangs höhengleich, dann leicht absteigend in das **Rissgrabenkar** queren → ⚠ nun leicht ansteigend an den Südwesthängen des Risserkogels durch lichten Wald zur verfallenen **Rissalm** hochqueren → ⚠ auf dem **Südgrat** teilweise steil zum Gipfel empor → Abstieg zwischen Latschen und über kleine Felsrinnen auf dem **Westgrat** (leichte Kletterstellen) → am **Grubereck** links über steile Wiesen zur **Ableiten-Alm** und auf der Aufstiegsroute zum Parkplatz zurück

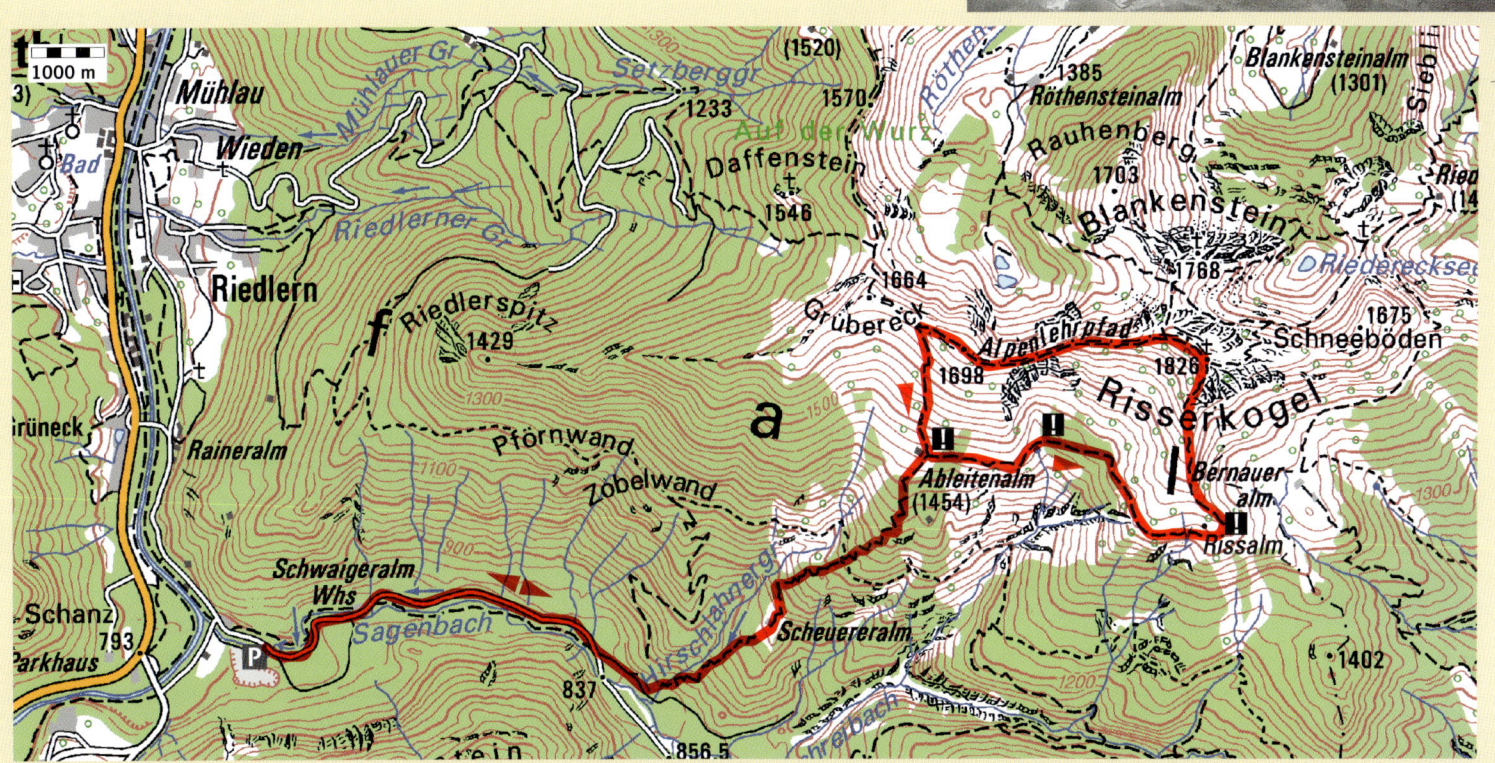

Schneegrat vor Blauberggrat (links der Guffert) an der Ableiten-Alm

Mühlau

Wieden

Bad

Riedlern

Grüneck

Raineralm

Schwaigeralm Whs

Schanz

793

Parkhaus

Sagenbach

Mühlauer Gr.

Riedlerner Gr.

Setzberggr.

(1520)

1570

1233

Auf der Wurz

Daffenstein

1546

Riedlerspitz

1429

Pförnwand

Zobelwand

837

856.5

Röthensteinalm

1385

Rauhenberg

1703

Blankenstein

1768

Röthensteinsee

Blankensteinalm

(1301)

Riederecksee

Riederalm

1664

Grübereck

Alpenlehrpfad

1698

1826

Risserkogel

Schneeböden

1675

Ableitenalm

(1454)

Bernauer alm

Rissalm

Scheuereralm

1402

1200

1000 m

Viel Wald, wenig Aussicht

Vom Hennererhof zum Lahnenkopf

Auf den Lahnenkopf führt kein offizieller Wanderweg, eher ist der Berg bei Skitourengehern bekannt, die sich im Hochwinter über eine kurze, aber rassige Pulverschneeabfahrt an den freien Nordwesthängen freuen. Da sich die Aussicht vom bewaldeten Gipfel in Grenzen hält, reicht mäßiges Wetter für diese kurze Wanderung vollkommen aus. Nur trocken sollte es einigermaßen sein, damit das Wandern in teils steilem Wald- und Wiesengelände nicht zur Rutschpartie wird.

Vor dem Schlussanstieg zum Lahnenkopf wandert man über flache Almwiesen.

Die Forstwege sind bis auf den letzten Abzweig zur Oberen Krainsberger Alm beschildert. Auch an der Alm ist die Orientierung einfach: Man folgt dem Weg westlich des Talkessels zur Krainsberg-Jagdhütte und erreicht wenig später eine Waldschneise. Vor der Lichtung führen Pfadspuren direkt am Zaun in die Höhe. Etwas oberhalb verliert sich der Pfad zwar, aber bald erkennt man den tiefsten Einschnitt des bewaldeten Bergkamms und strebt halblinks darauf zu. Wie an der Oberen Krainsberger Alm grasen auch an der großen Waldlichtung Kühe, weshalb die Wanderung außerhalb der Weidesaison mehr Spaß bereitet. Der Schlussanstieg führt – nun wieder auf Pfadspuren – über den bewaldeten Bergrücken zum Gipfel.

Die großzügige Gipfelwiese bietet freien Blick nach Norden zum Schliersberg, den Schliersee kann man allenfalls erahnen. Den besten Panoramablick genießt man beim Abstieg wenige Meter unterhalb des Gipfels: Hinter den Tegernseer Gipfelgrößen Ross- und Buchstein, Hirschberg, Kampen und Fockenstein tauchen das Karwendel sowie Zug- und Alpspitze auf. Der freie Hang bietet einen guten Überblick über den weiteren Routenverlauf: Um die steile Direttissima zu meiden, empfiehlt es sich, erst nach rechts zu der Lärchengruppe, dann nach links in den oberen Talboden hinabzuqueren. Hier hat man die Wahl, entweder auf Pfadspuren oder auf dem Almweg zur Krainsberger Alm abzusteigen.

Anfahrt

ÖVM Bayerische Oberlandbahn (BOB) nach Schliersee, vom Bahnhof ca. 2,5 km bis zum Hennererhof (Abzweig Breitenbachstraße)

Auto A 8 Ausfahrt Weyarn, B 307 über Miesbach nach Schliersee, im Ort beschilderter Abzweig zum Hennererhof (großer Parkplatz etwas unterhalb)

Charakter

Der Zustieg zur Krainsberger Alm verläuft auf Forstwegen, dann folgt die weitgehend weglose Rundtour über den Lahnenkopf. Trotz der Kürze der Tour sind Geländeüberblick und Trittsicherheit (festes Schuhwerk!) in den steilen Wald- und Wiesenpassagen nötig. Eine schöne Alternative bei mäßigem, aber trockenem Wetter außerhalb der Weidesaison.

Bike

Vom Hennererhof bis zur Krainsbergalm (5 km, Wegersparnis 1 ¼ Std.)

Einkehr / Übernachtung

Hennererhof, Tel. 0 80 26 - 922 99 64, Mai bis Oktober täglich 12–20 Uhr, November bis April Fr.–So. 12–17 Uhr, www.hennerer.de

Route

Parkplatz Hennererhof → **Obere Krainsberger Alm** (¾ Std.) → **Krainsberghütte** (1 Std.) → **Lahnenkopf** (1 ¾ Std.) → **Obere Krainsberger Alm** (2 ½ Std.) → **Hennererhof** (3 Std.)

Ab **Hennererhof** Forstwege Richtung Kreuzbergalm (Wanderweg W 17) → nach einer halben Stunde an der Weggabelung links (Ww. Lahner Höhenweg) → ❗ an der folgenden Weggabelung rechts durch Wald zur **Oberen Krainsberger Alm** → ❗ an der Kreuzung geradeaus den Weg aus dem Talboden heraussteigen (rechts vom Kessel) → ab **Krainsberghütte** Waldsteig → ❗ vor der Waldschneise steil auf Pfadspuren am Zaun entlang empor → ❗ der Pfad führt rechts durch Wald zu einem Geländerücken und verliert sich dort → ❗ nun einige Meter direkt empor, dann am flachen Schlusshang halblinks zum **Gratrücken** hinüberqueren → ❗ links wenige Meter zur tiefsten Stelle hinab und oberhalb der Lichtung stets in Nähe des Gratrückens durch Wald zum **Gipfel** (Pfadspuren) → ❗ Abstieg: wenige Meter an der Gratkante Richtung Nordwesten, den Hang bis zu der Lerchengruppe hinab, dann links in den Talkessel queren → auf dem sichtbaren Almweg zurück zur **Krainsberger Alm** und auf bekannter Route zum Ausgangsort

Durchschlupf durch die Latschengasse

Über den Auerspitz zur Maroldschneid

Knapp zwei Kilometer zieht sich der Verbindungsgrat vom Auerspitz zur Maroldschneid. Mit ein wenig Pioniergeist findet man den stets in Gratnähe verlaufenden Pfad, der sich kurzweilig durch die Latschenfelder windet und zwischendurch immer wieder beste Panoramablicke freigibt. Dieser Höhenweg ist das Sahnehäubchen einer abwechslungsreichen Rundwanderung, die vor allem durch ihre landschaftliche Vielfalt gefällt.

Latschengrat zwischen Auerspitz und Maroldschneid mit Blick auf den Wendelstein

Wachsamkeit ist gleich zu Beginn angesagt, um nicht den Einstieg zu verpassen. Da der versteckte Waldpfad bedeutend mehr Spaß macht als der Forstweg-Hatscher, folgen wir an der Bachbrücke direkt am Parkplatz nicht dem beschilderten Anstieg zum Sillberghaus, sondern begeben uns rechts in den anfangs wenig einladenden „Holzfällerweg". Nach wenigen hundert Metern mutiert der Weg zum gut begehbaren Steig und überwindet auf weichem Waldboden die erste Höhenstufe. Es folgt eine entspannende Querung durch den Soingraben, bevor hinter einer Geländekuppe der Soinsee auftaucht. Eine Gedenkminute für Bär Bruno, der hier im Sommer 2007 morgens zwei verdutzten Mountainbikern beim Baden Gesellschaft leistete, kurz bevor er an den Südhängen des Auerspitz der Flinte eines feigen Jägers zum Opfer fiel …

Der Auerspitz ist vom Soinsee in rund einer Stunde Aufstieg erreicht. Vor Erreichen des Gipfelhangs führt der Steig an der Bergwachthütte vorbei bis nah an die Felswände der Ruchenköpfe heran – ein attraktives Ziel für Kletterer, die zumindest den zweiten Schwierigkeitsgrad über den abgespeckten, luftigen Südgrat problemfrei meistern. Bei Wanderern ist die Rotwand weiter westlich weitaus populärer. Gut, dass der Hauptstrom der Aspiranten vom Spitzingseegebiet über das Rotwandhaus aufsteigt und den benachbarten Auerspitz unbehelligt lässt.

Doch erst bei der bevorstehenden Gratbegehung zur Maroldschneid wird es richtig einsam. Wir steigen nicht den nach Süden führenden Normalweg ab, sondern wählen die Latschengasse in Richtung Osten. Nach der Hangquerung über freie Wiesen führt der Pfad ohne weiteren Höhenverlust zwischen den Latschen hindurch direkt auf die breite Kammhöhe. Hier wechselt man nicht auf die Nordseite des Berges, sondern biegt rechts in die klar erkennbare Latschengasse. Nach wenigen Metern quert man links den Pfadspuren folgend durch das Latschenfeld, bis der Steig wieder klar erkennbar ist. Die abwärts führende Latschengasse hingegen endet abrupt im undurchdringlichen Dickicht!

Es folgt mit teils freiem Blick nach Süden und Norden eine genussvolle Gratwanderung, die am kreuzfreien Gipfel der Maroldschneid endet. Das Weidegebiet von Sandbichler- und Wirthsalm liegt uns 300 Höhenmeter tiefer direkt zu Füßen, was die Orientierung für den weglosen Abstieg deutlich erleichtert. Am bequemsten erreicht man das Almgelände über den hervorstehenden Grasrücken, der an einer einsamen Buche direkt am Almweg endet. Der Rest des Abstiegs über das Sillberghaus ist bequemes Auslaufen.

Der Soinsee liegt malerisch am Fuß der Ruchenköpfe.

Anfahrt

ÖVM Bayerische Oberlandbahn (BOB) nach Bayrischzell, RVO-Bus 9555 Richtung Kufstein zum Wanderparkplatz am Schwarzen Gatter

Auto A 8 Ausfahrt Weyarn, B 307 über Schliersee nach Bayrischzell und 3 km in das Ursprungtal (Parkplatz Beim Schwarzen Gatter)

Charakter

Nach anfangs holprigem Waldpfad werden die Wege im Soingraben deutlich breiter und komfortabler, dann folgt der mäßig steile Anstieg zum Auerspitz. Für die Gratwanderung zur Maroldschneid und den weglosen Abstieg zu den Sandbichler Almen sind gute Sichtverhältnisse und Orientierungsvermögen vonnöten. Abstieg auf Forstwegen über Sillberghaus zum Schwarzen Gatter.

Einkehr / Übernachtung

Sillberghaus (1030 m), Tel. 0 80 23 - 533, ganzjährig Fr.–So. und feiertags, www.sillberghaus.de

Route

Parkplatz Beim schwarzen Gatter (Bayrischzell) → **Forstweg (1 Std.)** → **Soinalm (1 ¾ Std.)** → **Soinsee (2 Std.)** → **Auerspitz (3 Std.)** → **Maroldschneid (4 Std.)** → **Almweg (4 ½ Std.)** → **Sillberghaus (5 Std.)** → **Parkplatz Beim schwarzen Gatter (5 ¼ Std.)**

Am Parkplatz die nahe Bachbrücke überqueren → ❗ an der Holzhütte rechts in den zunächst ebenen „Holzfällerweg" → ❗ der Weg mündet nach gut zehn Minuten in einen Jägersteig → mäßig steiler Aufstieg durch den Wald → am Forstweg rechts durch den **Soingraben** → an der **Ruchenkopfhütte** rechts zum **Soinsee** hinab (Abstecher) → markierter Steig auf den **Auerspitz** → ❗ vom Gipfel Pfadspuren am oder knapp unterhalb des Grates Richtung Osten → ❗ an der Weggabelung nicht links in die Nordflanke absteigen, sondern rechts in den **Latschenhohlweg** → ❗ nach wenigen Metern links Steigspuren durch das Latschendickicht (Hohlweg endet in Sackgasse!) → in Gratnähe klar erkennbarer Steig zur **Maroldschneid** (kurzer Gegenanstieg) → ❗ vom Gipfel wenige Meter in Gratnähe nach Osten absteigen, dann rechts den steilen Grashang zu einem Geländerücken und auf diesem bequem zum Almweg hinab → am Almweg auf Höhe eines Buchen-Solitärs links über die **Wirtsalm** zum **Sillberghaus** → Abstieg zum **Schwarzen Gatter**

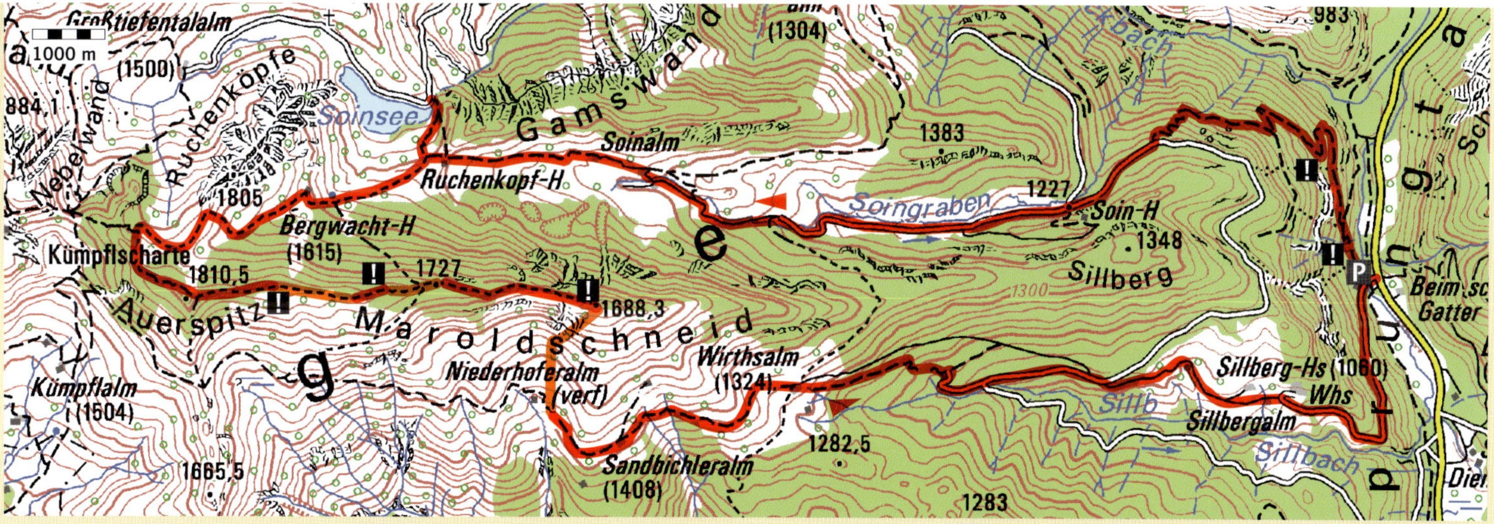

Anstieg im oberen Soingraben Richtung Bergwacht-Hütte und Ruchenköpfe

Deutscher Enzian am Wiesengrat

Über das Schönfeldjoch zum Wildenkarsattel

Im Hochsommer ist zwar die Fernsicht in der Regel diffuser als im Herbst, auch zieht es den ambitionierten Wanderer dann eher in das alpine Hochgebirge. Doch wer mit dieser Gewohnheit bricht und sich mit einem mittelhohen, Gras bewachsenen Gipfelgrat zufrieden gibt, entdeckt dafür botanische Raritäten, die einem sonst verborgen bleiben. So sprießt etwa im August an der Südseite des Wildenkarjochs der Deutsche Enzian um die Wette, und das in verschiedenen Blütenfarben.

Genussreicher Gratabschnitt in Richtung Hinteres Sonnwendjoch; rechts das Wildenkarjoch

Nicht nur Orchideen entwickeln weiße Blüten in Abweichung von der Standardblütenfarbe ihrer Art! Was für Biologen eine Binsenweisheit sein mag, verursacht bei uns bei der Identifizierung der Pflanze erstmal ein kleines Fragezeichen. Zwar sind bärtiger Schlund und fransiger Wimpernkranz der Trichterblüten auf Anhieb erkennbar; doch die Grundfarbe des Deutschen Enzians ist nun mal rotviolett …

Doch bevor man die schöne Botanik am Gipfelgrat zwischen Schönfeldjoch und Wildenkarsattel genießen kann, kommt man beim Anstieg in der steilen Ostflanke des Sonnwendjoch-Massivs gut ins Schwitzen – zumindest wenn im August die Sonne scheint! Oberhalb der Almwiese taucht der Pfad in lichten Wald und führt zur Jagdhütte. Schade, dass der alte Pfad im oberen Abschnitt teilweise dem neuen Fahrweg zur Schönfeldalm weichen musste.

Von der privaten Schönfeldalm wandert man auf Pfadspuren direkt über den mäßig steilen Grasrücken zum Heimkehrerkreuz, wo unsere Gratwanderung beginnt. An mehreren stachligen Blüten gemeiner Kratzdisteln vorbei – auf Anhieb erkannt! – gelangt man rasch zum Gipfel des Schönfeldjochs. Es beginnt ein Genussabschnitt erster Güte: Das Hintere Sonnwendjoch stets im Auge, führt der Pfad in Kammnähe Richtung Westen. Die höchste Erhebung des Tages erreicht man am Punkt 1776 Meter, dann geht es über grasbewachsene Buckel langsam abwärts. Wer als Zugabe das Wildenkarjoch besteigen will, muss den Pfad an geeigneter Stelle rechts verlassen und etwas mühsam zwischen Latschen hindurch zum Gipfel hochqueren.

Am Wildenkarsattel haben wir lange überlegt, ob wir den Abstieg in das Kloo-Aschertal oder über die Wildenkaralm wählen sollen. Im Herbst mag die sonnige Südseite bei guter Fernsicht die bessere Alternative sein, doch im Hochsommer lockte uns der schattige, wildromantische Steig zur Hintertoralm. Steil geht es zwischen Latschen in ein kleines Bachtal hinab, über dem die Felskulisse der Krenspitze mächtig Eindruck schindet. Im Berggraben des Kloo-Aschertals wird der Bach über eine senkrechte Wandstufe spektakulär in die Tiefe stürzen, bevor er wenige hundert Meter flussabwärts im breiten Kiesbett versickert.

Nach kurzem Gegenanstieg, bei dem einzelne Murenfelder umgangen werden, erreicht man durch märchenhaften Lärchenwald die Hintertoralm. Die Wege werden breiter, die Entfernung zum Ausgangsort zieht sich noch. Deshalb entscheiden wir uns nach der monotonsten Wegpassage – an der Kloo-Ascheralm gibt es eine endlose Gerade! – für eine kleine Variante: Wir wandern querfeldein durch den Wald zum ausgetrockneten

Bachgraben und erreichen durch diesen jenen Weg, der uns südwärts durch das Ursprungtal zum Ausgangspunkt zurückführt.

Deutscher Enzian mit weißer und violetter Blütenkolonie am Wildenkarsattel

Anfahrt

ÖVM Bayerische Oberlandbahn (BOB) nach Bayrischzell, RVO-Bus 9555 Richtung Kufstein zum Wanderparkplatz Ursprungpass

Auto A 8 Ausfahrt Weyarn, B 307 über Schliersee nach Bayrischzell und rechts zum Ursprungpass, Parkplatz ca. 500 m nach der alten Grenzstation

Charakter

Sehr abwechslungsreiche Rundtour mit unterschiedlichen Blickwinkeln in alle Himmelsrichtungen. Bis zum Wildenkarsattel ist man auf stillen Wald-, Alm- und Gratwegen unterwegs, dann folgt der reizvolle, etwas Trittsicherheit erfordernde Abstieg in das Kloo-Aschertal mit einem längeren Hatscher im Talboden.

Variante

Vom Wegkreuz im Kloo-Aschertal kann man auch den Forstweg am Grundberg hochsteigen (ca. 150 HM) und über die Vordere Kesselbodenalm zum Ursprungpass absteigen.

Einkehr

Nur an der Straße zum Ursprungpass (Zipflwirt, Bäckeralm)

Route

Parkplatz Ursprungpass → **Schönfeldalm** (1 ¾ Std.) → **Schönfeldjoch** (2 ¼ Std.) → **P. 1776** (2 ½ Std.) → **Wildenkarsattel** (3 Std.) → **Hintertoralm** (4 Std.) → **Wegkreuz Kloo-Aschertal** (4 ¾ Std.) → **Bäckeralm** (5 ¾ Std.) → **Parkplatz Ursprungpass** (6 Std.)

Vom Parkplatz kurzer Abstieg zur **Verwälteralm** (Ww. Schönfeldalm) → oberhalb der Alm in vielen Kehren steil über die Wiese, später durch Wald zur **Jagdhütte** empor → oberhalb der Hütte rechts in den Forstweg und nach Möglichkeit auf parallel verlaufenden Steigen zur **Schönfeldalm** → ❗ an der Alm rechts auf Pfadspuren den freien Wiesenhang zum **Heimkehrerkreuz** hinauf → hier links auf dem Gratrücken zur **Schönfeldspitze** → auf schönem Pfad meist südseitig des Grates über **P. 1776** und unterhalb des **Wildenkarjochs** zum **Wildenkarsattel** → am Sattel rechts steil in den **Bachgraben** hinab und nach kurzem Gegenanstieg, einzelne Erosionsstellen umgehend, durch schönen Lärchenwald zur **Hintertoralm** (Ww. Zipfelwirt) → Almweg in das **Kloo-Aschertal** → im Talboden am großen Wegkreuz nach der Bachüberquerung rechts → ❗ am Ende der langen Wiesengeraden nach Einmündung in den Wald rechts wenige Minuten querfeldein → ❗ links das ausgetrocknete **Bachbett** entlangwandern → am Querweg (ohne Brücke) rechts über **Bäckeralm** und **Ursprungsattel** zum Parkplatz

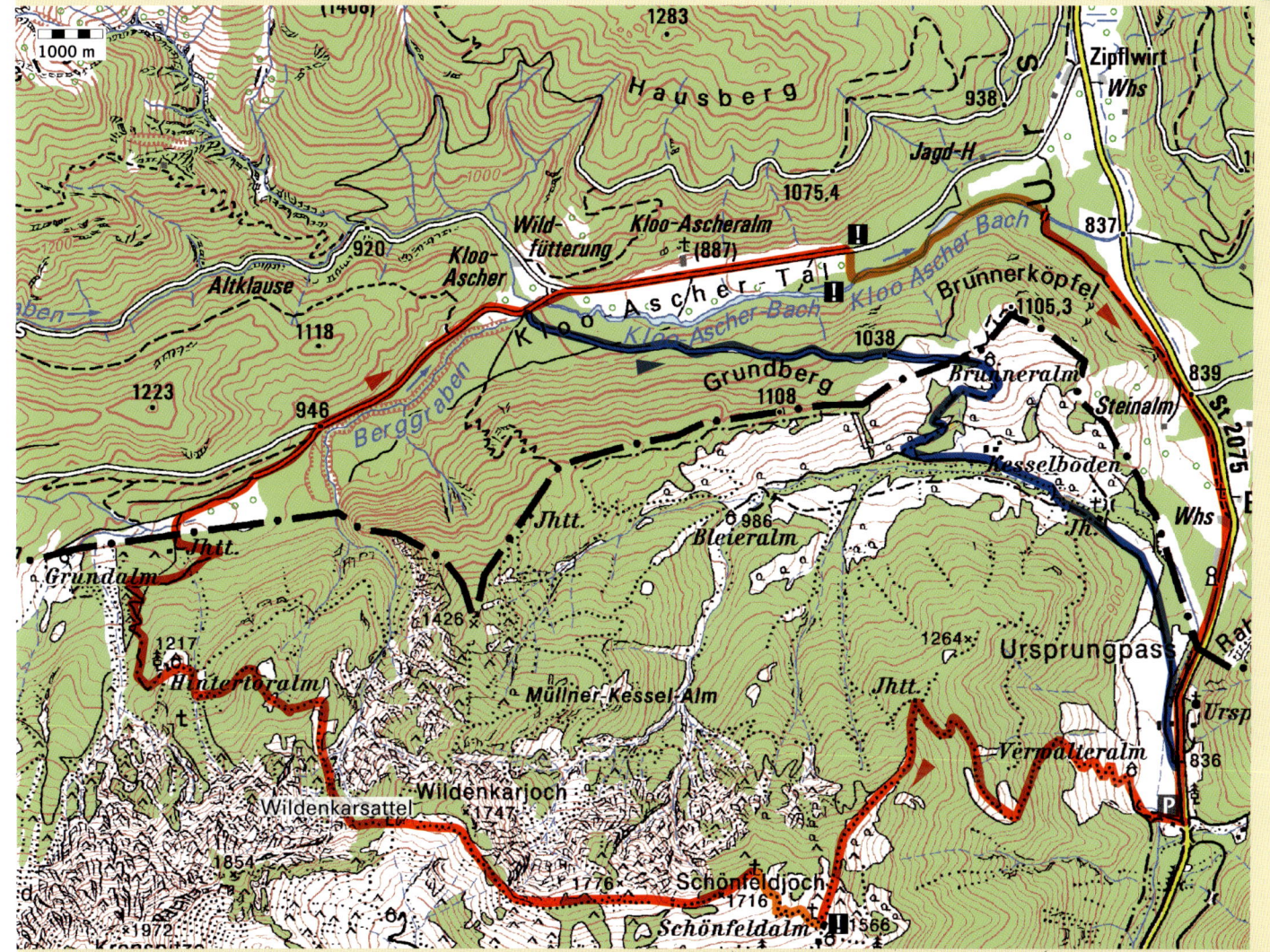

*Gemeine Kratzdistel
am Schönfeldjoch*

99

Freier Blick zum Alpenhauptkamm

Über den Veitsberg zu Frech- und Thalerjoch

Abstieg vom Veitsberg in Richtung Frech- und Thalerjoch; links im Hintergrund der dominante Guffert

Veitsberg, Frechjoch und Thalerjoch liegen in einem abgelegenen Winkel zwischen Mangfallgebirge und Inntal. Mangels höherer Berge ist der Blick nach Süden in Richtung Alpenhauptkamm vollkommen frei: Vor allem die Hohen Tauern und Zillertaler Alpen präsentieren sich in formvollendeter Schönheit. Und von den erholsamen Gratwegen können wir das traumhafte Panorama in vollen Zügen genießen.

Bereits bei der Anfahrt auf dem schmalen Teersträßchen von Landl durch das schöne Bachtal der Fürschlacht fragt man sich, warum man diese reizvolle Gegend nicht früher schon einmal erkundet hat. Die nahen bayerisch-tirolerischen Grenzberge Trainsjoch und Hinteres Sonnwendjoch stehen bei vielen Wanderern ja hoch im Kurs, aber wer kennt schon den Veitsberg, das Frechjoch und das Thalerjoch? Das Panorama muss keinen Vergleich scheuen, und der Anstieg zu unserem Gipfeltrio ist sogar reizvoller als jener bei den prominenten Nachbarn.

Zwar wandert man bis zur Veitsbergalm noch auf einem Forstweg, doch dann folgt eine kurzweilige Wegpassage durch wenig frequentiertes, zunehmend freies Gelände. An warmen Sommertagen wird man in der steilen, der Sonne ausgesetzten Grasflanke und beim finalen Latschenanstieg zum Veitsberg ins Schwitzen kommen, doch in Gratnähe weht einem meist ein angenehmes Lüftchen um die Nase. Und beim Blick nach Westen zu Frech- und Thalerjoch stellt man fest, dass unsere Route einladend gemütlich am Grat entlang verläuft. Fragt sich nur, welchen Gipfel man für die wohlverdiente Brotzeit auserwählt ...

Der Blick nach Süden zum Alpenhauptkamm ist von allen drei Gipfeln grandios, da man dem Inntal schon recht nahe ist. Zwischen dem Zahmen und Wilden Kaiser lugen die Gipfel der Reither Alpe und des Hochkalter hervor. Hinter den Kitzbüheler Alpen dominieren im klaren Herbstlicht die Felshörner von Großglockner und Großvenediger das Panorama der Hohen Tauern, weiter westlich grenzen die Krimmler Tauern sowie die Tuxer und Zillertaler Alpen an. Auf Höhe des Glungezer schweift der Blick diesseits des Inns zu Rofan- und Karwendelgebirge, daneben erhebt sich eindrucksvoll die mächtige Gestalt des Guffert. Zwischen Guffert und Karwendel-Hauptkamm mit Kaltwasserkar-, Birkkar- und Ödkarspitzen erstreckt sich übrigens das Hochunnutz-Massiv, ein weiteres Grat-Highlight in diesem Buch (siehe S. 76).

Vom markanten Gipfelkreuz des Veitsbergs führt der Pfad über flache Wiesen in den ersten Sattel, wo später der Abstieg über die Riedebenalm in das Längtal erfolgt. Nach kurzem Gegenanstieg erreicht man das Frechjoch, Pfadspuren führen als kleiner Abstecher zum begrasten Gipfel. Weiter geht es in angenehmer Hangquerung zwischen Latschen und freier Wiese zum zweiten Sattel auf etwa 1700 Meter Höhe hinab. Der Schlussanstieg zum Thalerjoch ist von hier nur noch Formsache. Man könnte die Gratwanderung sogar noch westwärts bis über das Schmaleggerjoch hinaus fortsetzen, doch dann käme man im Tal der Brandenberger Ache heraus. Vielleicht eine Option für eine Streckentour vom Ursprungtal zur Erzherzog-Johann-Klause mit Rückweg in die Valepp ...

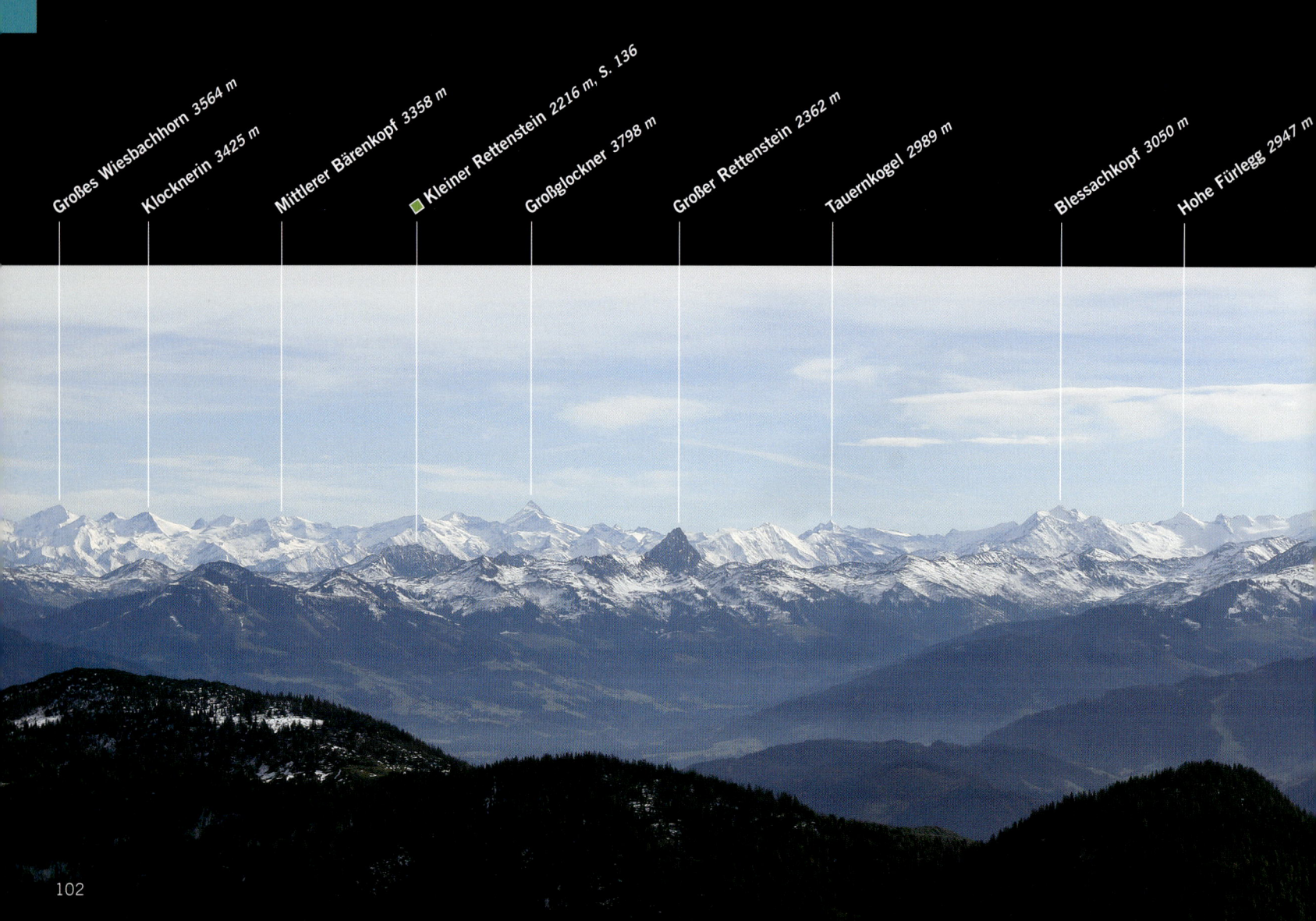

Großes Wiesbachhorn 3564 m

Klocknerin 3425 m

Mittlerer Bärenkopf 3358 m

Kleiner Rettenstein 2216 m, S. 136

Großglockner 3798 m

Großer Rettenstein 2362 m

Tauernkogel 2989 m

Blessachkopf 3050 m

Hohe Fürlegg 2947 m

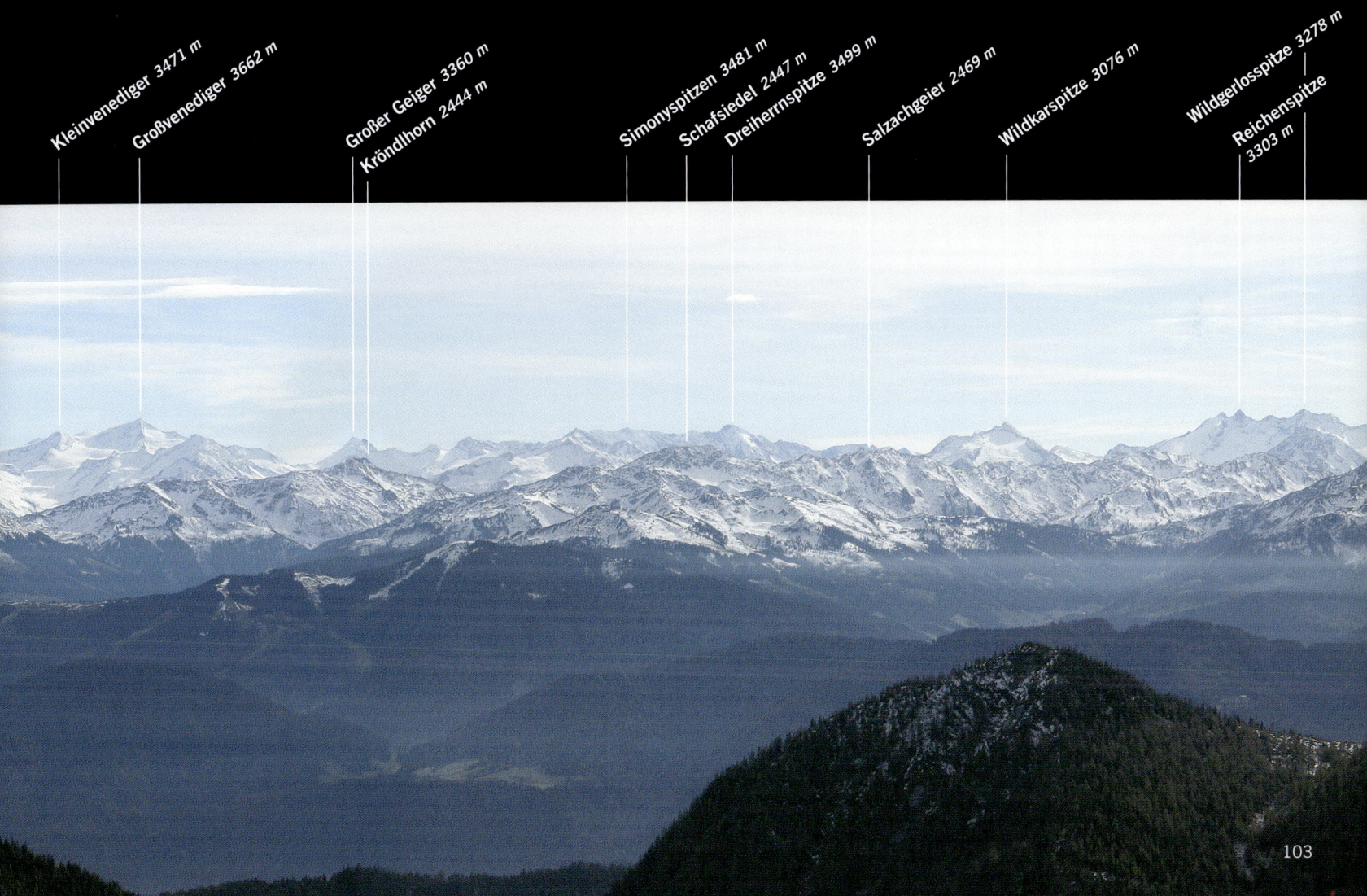

Veitsberg (1787 m)

Kleinvenediger 3471 m
Großvenediger 3662 m
Großer Geiger 3360 m
Kröndlhorn 2444 m
Simonyspitzen 3481 m
Schafsiedel 2447 m
Dreiherrnspitze 3499 m
Salzachgeier 2469 m
Wildkarspitze 3076 m
Wildgerlosspitze 3278 m
Reichenspitze 3303 m

Anfahrt

Auto A 8 Ausfahrt Weyarn, B 307 nach Bayrischzell und über den Ursprungpass nach Landl, im Ort gegenüber dem Gasthaus Post rechts Straße Richtung Riedenberg, nach knapp 4 km rechts auf dem Kiesweg zum Waldparkplatz Fürschlacht

Charakter

Einfache und genussreiche Gratwanderung zwischen drei Gipfeln mit erstklassiger Aussicht. Das Gelände ist im Schnitt nur mäßig steil. Bis zur Veitsbergalm und im Längtal Forstwege, sonst einsame Bergpfade, deren Erkundung sehr viel Spaß macht.

Varianten

Wer auf die Besteigung der beiden Nachbargipfel Frech- und Thalerjoch verzichtet, steigt direkt vom Sattel westlich des Veitsbergs ab und spart sich somit gut 1 Std. Man kann vom Thalerjoch auch direkt zur Thaleralm absteigen und von dort zur Riedebenalm hinüberqueren (Wege etwas weniger reizvoll).

Einkehr

Berggasthof Wastler, Riedenberg, Tel. ++43-53 76-58 22, www.wastler.info (abseits der Route im Tal)

Route

Parkplatz Längtal → Veitsbergalm (¾ Std.) → Veitsberg (2 Std.) → Frechjoch (2 ¼ Std.) → Thalerjoch (2 ¾ Std.) → Sattel zwischen Frechjoch und Veitsberg (3 ¼ Std.) → Parkplatz Längtal (4 ¾ Std.)

Auf der beschilderten Forststraße zur **Veitsbergalm** → von der oberen Almhütte auf dem Wiesenpfad zuletzt steil in Kehren zum Kamm empor und über den Latschenrücken zum **Veitsberg** → über den flachen Westrücken in den **Sattel** hinab und kurzer Gegenanstieg auf das kreuzlose **Frechjoch** → unterhalb des Kamms in eine weitere **Einsattelung** und in Gratnähe zum **Thalerjoch** → Rückweg am Grat bis zum **Sattel am Veitsberg** → Abstieg rechts über das steile Kar zur **Riedebenalm** (Ww.) → zur unteren Hütte und links durch die Wiese in den Wald → der schöne Waldpfad überquert eine Forststraße und führt in das **Längtal** → im Talboden an den Weggabelungen erst links, dann rechts zum **Wanderparkplatz**

*Ankunft am Veitsberg
bei spätherbstlichem
Geburtstagswetter ...*

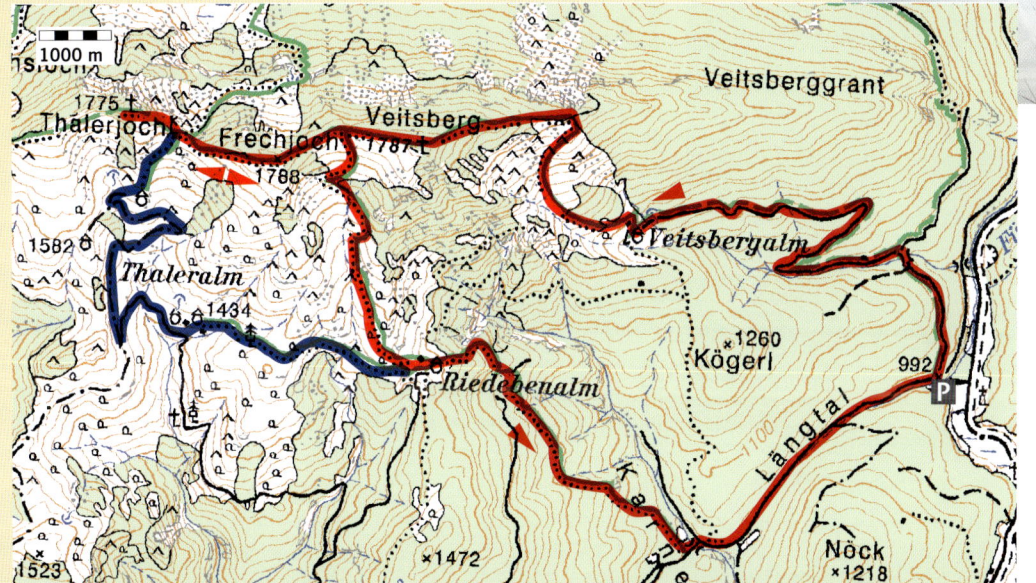

Anstieg für Wegpioniere

Rundtour an Zinnenberg und Brandelberg

Es gibt nur ganz wenige Gipfel in den bayerischen Alpen, die man durchwegs auf versteckten Pfaden besteigen kann. Weder Wegweiser noch Markierungen helfen uns beim abenteuerlichen Bachschlucht- und Gratrücken-Anstieg zum Zinnenberg. Doch mit ein wenig Geländespürsinn und Orientierungsgabe ist dieser klassische Geheimtipp problemlos zu meistern. Und auch der „offizielle" Übergang zum benachbarten Brandelberg ist ein Höhepunkt für stille Genießer.

Weites Hochplateau am Zinnenberg: Sollen das unsere Alpen sein?

Die Schlucht am Eingang des Weißenbachtals ist vom Wanderparkplatz nur etwa 200 Meter entfernt, doch der Einstieg erweist sich als etwas ungewöhnlich: Man übersteigt die Leitplanke an der Autobrücke, um am rechten Bachufer dem kleinen Pfad die Böschung hinauf zu folgen. Rasch stößt man auf einen gut ausgeprägten Steig, der stets am Bach entlang talein führt. Mehrere Badegumpen laden im Sommer zum Verweilen ein. Bald mündet ein Seitenbach in das Weißenbachtal, den man überquert und auf dem anfangs steilen Pfad aus dem Talboden heraussteigt.

Der Pfad wendet sich anfangs eher dem Seitental zu, führt dann aber über den Geländerücken wieder in das Weißenbachtal. Am Ende der Schlucht geht es mit Blick auf zwei Wasserfälle in vielen Kehren den steilen Wiesenhang empor. Durch die Sonneneinstrahlung trocknet das Gelände rasch ab, der Pfad ist schön zu gehen. Doch nach den ersten herbstlichen Schneefällen rutschen hier Lawinen hinab und hinterlassen mächtige Kegel, die Teile des Pfades verschütten und das Fortkommen erschweren. Am „Ausstieg" des Hangs stößt man auf

einen Querpfad, dem man nach rechts folgt. Über den Geländerücken erreicht man, schräg rechts haltend, die Wiesen der Schoßrinn-Alm. Man peilt nicht den Almweg an, sondern quert oberhalb der Hütte die Wiese bis zum begrasten Geländekopf hinauf (siehe Abbildung S. 108).

Der Geländekopf liegt quasi am Fuß des vom Zinnenberg hinabführenden Nordostgrates, was die Orientierung für den weiteren Anstieg deutlich erleichtert. Am Zaunübersteig ist sogar ein Pfad zu erkennen, der sich aber später immer wieder verliert. Oberhalb der flachen Waldpassage dominieren Latschenfelder das steiler werdende Gelände. Man hält sich mit Blick auf den benachbarten Klausen rechts der Gratkante und peilt zwischen

Latschengassen hindurch den Gipfel des Zinnenbergs an.

Seitdem die Klausenhütte vor einigen Jahren ihren Betrieb eingestellt hat, wird der Zinnenberg von Wanderern deutlich weniger frequentiert. Am schmiedeeisernen Kreuz ist man ob des ungewöhnlich breiten Gipfelplateaus überrascht: Vom Landschaftsbild fühlt man sich – das phantastische Panorama mit Wildem Kaiser, Kitzbüheler Alpen und Mangfallgebirge ignorierend – eher an ein schottisches Hochmoor als an eine alpine Berglandschaft erinnert. Der Eindruck verstärkt sich, wenn man sich beim Abstieg zur Feichten-Alm umdreht und nach Norden schaut. Man genießt diese großartige Weite, bis der Weg am Brandelberg in die Latschenfelder eintaucht.

Gleich ist der Gipfel erreicht (l)

Rückblick vom Brandelberg zum Zinnenberg (r)

Anfahrt

Auto A 8 Ausfahrt Frasdorf, B 175 nach Aschau und St 2093 nach Grattenbach, kleiner Parkplatz 100 m vor dem Ortsschild links an der Straße

Charakter

Der Anstieg durch die wildromantische Weißenbachschlucht ist nicht markiert
und nur bei trockenen Bedingungen zu empfehlen! Nach Neuschnee Lawinen-
gefahr! Auch oberhalb der Schoßrinn-Alm sind mangels ausgeprägter Pfade
Orientierungssinn und Bergerfahrung gefragt! Am Zinnenberg mündet die
Route in einfaches Gelände, ab hier schwach markierte Pfade. Genussreicher
Übergang zum Brandelberg, dann zügiger Abstieg nach Innerwald.

Route

**Grattenbach → Schluchtende Weißenbachtal (1 Std.) → Schoßrinn-Alm (1 ½ Std.) → Zinnenberg (2 ½ Std.) → Brandelberg (3 ½ Std.) → Brandelbergalm
(4 Std.) → Innerwald (4 ¾ Std.) → Grattenbach (5 Std.)**

█ Vom Parkplatz 200 m an der Straße zurück zur **Bachbrücke →** █ die Leitplanke übersteigen und rechts der **Bachschlucht** auf dem Pfad steil in Kehren

empor → nach wenigen Minuten an der Weggabelung links den Steig in die Schlucht wandern → █ nach Überqueren eines Seitenbachs dem Steig erst steil

aus dem Talboden heraus, dann flacher durch den Wald talein folgen → █ am **Schluchtende** (Blick auf Wasserfälle!) führt ein gut angelegter Pfad in Kehren

den steilen Wiesenhang empor → █ an der T-Kreuzung rechts zu einem Geländerücken, den Stacheldrahtzaun an geeigneter Stelle überqueren und zur

großen Almwiese → oberhalb der **Schoßrinn-Alm** den Wiesenhang leicht ansteigend zum ausgeprägten **Graskopf** queren (siehe Abb.) → █ am Gratansatz

links und hinter dem Zaunübertritt den Pfadspuren durch flaches Waldgelände folgen → █ durch Latschengassen etwas rechts der Hangkante zunehmend

steiler zum **Zinnenberg** empor → in Gipfelnähe fast eben nach Westen queren und links auf schwach markiertem Pfad (auf der Wiese teils weglos) zur **Feichten-
Alm** → leichter Gegenanstieg durch lichten Wald und Latschen → an der Weggabelung links zum Brandelberg → zur Weggabelung zurück und links zum

Sattel hinab → Abstieg nach links zur **Brandelbergalm** (Ww. Innerwald) → von der Alm auf breitem Weg durch schönen Mischwald, zuletzt durch das Tälchen

des **Kohlsätterbachs**, talwärts → in **Innerwald** links auf dem Teerweg durch den Ort und über die Wiese zur Straße → die Straße überqueren und auf dem

Grenzenlos-Wanderweg nach **Grattenbach**

Am Graskopf oberhalb der Schoßrinn-Alm
setzt der Zinnenberg-Grat an.

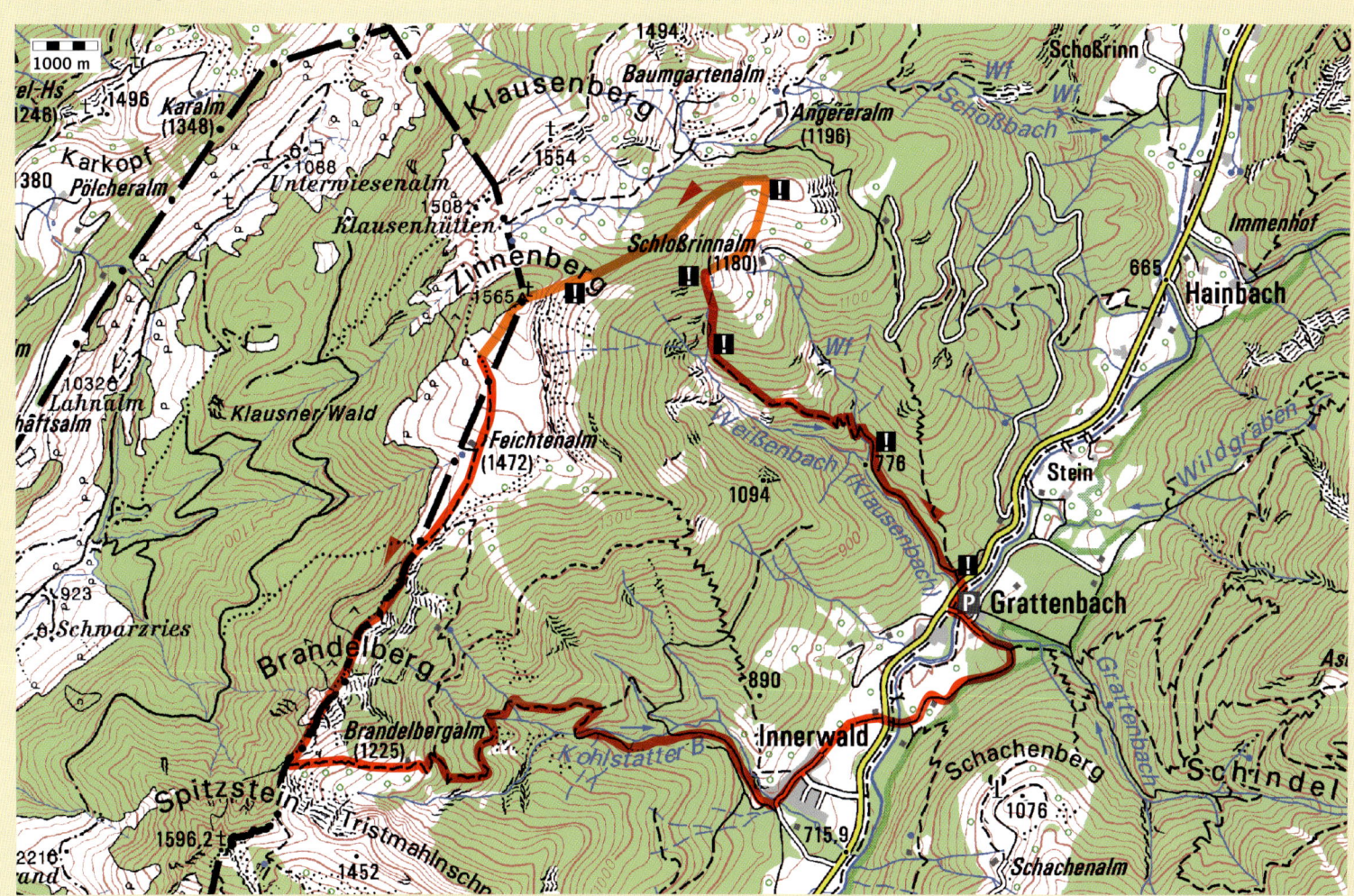

Alpine Lustgefühle

Über den Zwiesel zum Gamsknogel

Der Zwiesel ist ein klassischer Hausberg in den südlichen Chiemgauer Alpen. Selbst im Winter ist der Normalweg von Süden relativ zuverlässig gespurt. Eine alpine Herausforderung stellt hingegen der Verbindungsgrat zum benachbarten Gamsknogel dar, zumal wenn der markierte Steig unter einer dicken Schneedecke liegt und bei der Routenwahl Pioniergeist und Bergerfahrung gefragt sind. Bei guten Schneebedingungen ist die Überschreitung jedoch gut machbar und ein ideales Training für das vergletscherte Hochgebirge im Sommer ...

Wie alle winterlichen Südanstiege ist auch der bewaldete Aufstieg von Jochberg zur Zwieselalm nach längeren Trockenperioden vereist, da der stete Wechsel aus sonnenbedingtem Tau- und nächtlichem Frostwetter die teils in Stufen angelegten Wege mit Eis überzieht. Andere Schwierigkeiten sind auf der gut markierten Route nicht zu erwarten.

Oberhalb der Zwieselalm führt der Weg weiterhin zielstrebig in die Höhe. Der Wald lichtet sich, aus dem Schnee hervorlugende Latschenkiefern bestimmen das Bild. Imponierend erhebt sich der felsige Gamsknogel über dem breiten Talkessel. Auch Teile des Verbindungsgrates sind zu sehen – und die flößen aus dieser Perspektive mit Blick auf die steile Gipfelflanke durchaus Respekt ein! Weiter oben flacht das Gelände ab und man wandert direkt auf den langgezogenen Gipfelgrat des Zwiesel zu. Zuvor wartet jedoch der nur um 26 Meter tiefere Zennkopf auf Besucher; sein Gipfelkreuz ist bereits von Weitem zu sehen. Von hier ist der Zwiesel nur noch eine Formsache: Ein kurzes Stück abwärts, dann geht es mit gebührendem Abstand zu den Schneewechten direkt am Grat hinauf. Am Gipfel ist mit majestätischem Blick zu den Berchtesgadener Alpen sowie Leonganger und Loferer Steinbergen erst einmal Brotzeit angesagt.

Ein Freitag im März. Traumwetter, nachdem sich die letzten Nebelfetzen verzogen haben. Wir genießen über eine Stunde lang das herrliche Panorama und die Ruhe am Berg. Man könnte bequem nach Süden absteigen und den Tag in vollen Zügen genießen. Doch mit Blick auf den zum Gamsknogel hinüberziehenden Grat reizt uns das alpine Abenteuer, das eine winterliche Gratbegehung immer darstellt. Im Gegensatz zur Aufstiegsstrasse ist der Übergang nicht gespurt. Die Drahtseile, die im Sommer beim kurzen exponierten Abstieg durch eine markante Felskante in die Gratscharte helfen, sind fast komplett zugeschneit und somit nicht zu gebrauchen. Glücklicherweise können wir im griffigen Schnee Stufen schlagen. Windverblasene Passagen wechseln mit meterhohen Schneeverwehungen ab, wo wir jedoch dank der frühen Tageszeit nur selten einbrechen. Bei der Querung eines nordseitigen Hanges versinken wir jedoch teilweise hüfttief im Pulverschnee. Im luftigen oberen Bereich halten wir uns stets an der Gratkante, müssen aber auf die Schneewechten achten und den einen oder anderen Steilaufschwung umgehen. Über einen „Mini-Biancograt" und ein Felsschartl erreichen wir schließlich den Gipfel des Gamsknogel.

Bei diesem jungfräulichen Gratanblick schlägt jedes Bergsteigerherz höher.

Anfahrt

Auto A 8 Ausfahrt Siegsdorf, B 306 über Inzell nach Weißbach, dort links Abzweig nach Jochberg, Wanderparkplatz gegen Ende der asphaltierten Straße

Charakter

Der Gratübergang vom Zwiesel zum Gamsknogel ist im Winter eine gleichermaßen hochalpine wie großartige Wanderung, die absolute Bergerfahrung, selbstständige Routenwahl und Trittsicherheit verlangt! Nur bei sicheren Schneeverhältnissen (die angebrachten Drahtseile sind größtenteils zugeschneit)!

Im Sommer hingegen keine technischen Probleme, dafür ist der Normalweg zum Zwiesel dann relativ häufig begangen.

Einkehr

Zwieselalm (Kaiser-Wilhelm-Haus, 1386 m), nur während der Weidesaison

Route

Jochberg → **Zwieselalm (1 ¼ Std.)** → **Zwiesel (2 ½ Std.)** → **Gamsknogel (3 ¼ Std.)** → **Zwieselalm (4 ½ Std.)** → **Jochberg (5 ½ Std.)**

Vom Wanderparkplatz auf dem Forstweg talein → am Abzweig dem markierten, teils in Stufen angelegten Steig durch Hochwald zur **Zwieselalm** folgen → oberhalb der Alm in gleichmäßiger Steigung durch Latschenhänge und ein kleines Hochkar zum Gipfelkreuz des **Zennokopfs** → wenige Meter in die Gratsenke hinab und links des Grates zum **Zwiesel** empor → ❗ vom Gipfel flach über den breiten **Westgrat** und durch die markante Felskante (Drahtseile) in die **Felsscharte** absteigen → ❗ stets an oder knapp unterhalb der Gratkante, etwaige Steilstufen an geeigneter Stelle umgehend, empor und über ein **Felsschartl** (Drahtseile) zum **Gamsknogel** → über den steilen Schrofen- und Latschenhang in vielen Kehren zum **Sattel** hinab → vor der Kohleralm links auf dem Forstweg mit kleinen Gegenanstiegen zur **Zwieselalm** queren → Abstieg nach **Jochberg** auf bekannter Route

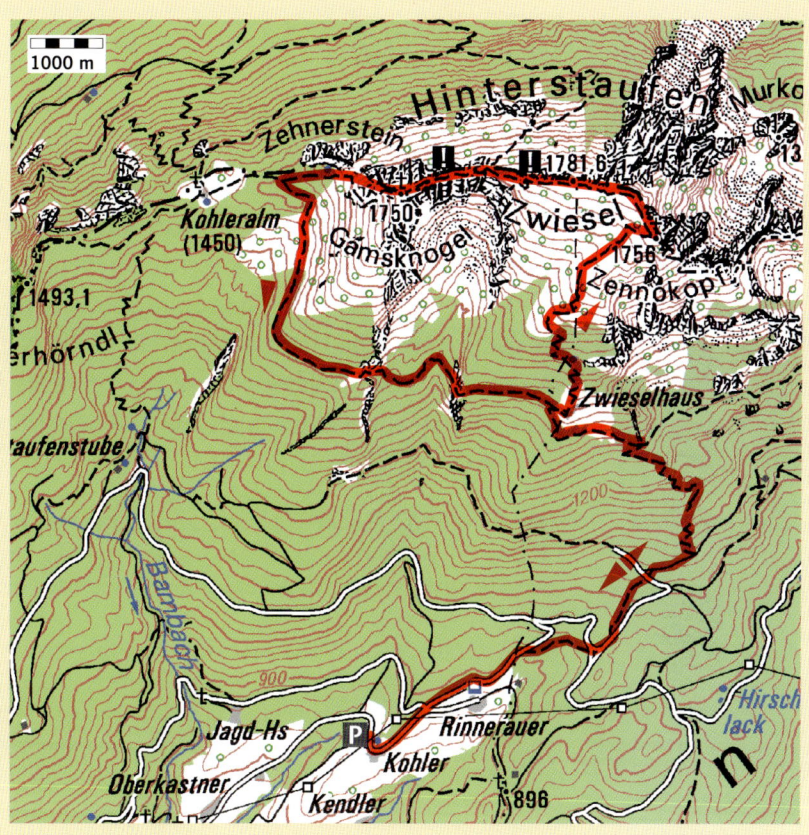

Wanderer unterhalb
des Zwiesel-Gipfels
auf dem Weg
zum Zennokopf

Am Ableger des Hochfelln

Unterwegs auf dem Strohnschneid-Kamm

Der Hochfelln ist der Mega-Aussichtsberg des Chiemgaus, dank der Seilbahn genießen hier an schönen Tagen Hunderte Wanderer und Touristen den phantastischen Panoramablick. Doch nur wenige Steinwürfe vom Gipfel entfernt kehrt auf dem Bergkamm der Strohnschneid eine wohltuende Ruhe ein, weil die leicht exponierten Pfade nicht markiert sind und den ungeübten Wanderer somit vor Probleme stellen. Und zumindest nach Süden ist der Blick auch von hier ungetrübt ...

Blick vom Strohnschneidgrat in die Ebene mit dem Chiemsee

An der Steinbergalm sollte man sich nicht von der etwaigen Vieh-Einzäunung abschrecken lassen: Man steigt in wenigen Schritten auf eine begraste Kuppe und wandert auf dem Almweg in Richtung Süden. Später verliert sich der Weg etwas, man überquert die freien Wiesen weiterhin südwärts in Richtung Strohn-Alm. Unterhalb der Alm, die man rechts liegen lässt, stößt man auf einen Fahrweg. Hier hält man sich links und taucht erstmals in den Wald ein. Nach wenigen Minuten zweigt an zwei auffälligen Steinmandl rechts ein gut ausgeprägter Steig ab, der sich in vielen Kehren an der steilen Waldflanke hochzieht. Bei feuchten Bedingungen erfordert der schmierige Untergrund im abschüssigen Gelände höchste Aufmerksamkeit. Nach Überwindung der 250 Höhenmeter andauernden Steilstufe erreicht man den Gipfelkamm der Strohnschneid und genießt nach der schattigen Waldpassage die wärmenden Sonnenstrahlen.

Die Orientierung ist in der Folge einfach: Man steigt stets auf dem Kamm oder knapp unterhalb durch den sich lichtenden Wald zum Gipfelkreuz der Strohnschneid empor. Ab hier beginnt der reizvolle Höhenweg durch Latschengassen und über leichte Felspassagen mit zunehmend freiem Panoramablick. Zwar bleibt das Mangfallgebirge durch den Hochfelln weitgehend verborgen, doch von den Zillertaler Alpen über die Hohen Tauern, Loferer Steinberge und Berchtesgadener Alpen reicht der Blick bis zu Dachstein und Höllengebirge. Bei klarer Sicht tauchen im Norden gar der Bayerische Wald und der Große Arber auf. Zwischen zwei Felsköpfen am Grat genießt man den Tiefblick auf das Almgebiet an der Mittelstation der Hochfelln- bahn, durch das unser Rückweg verläuft.

Am Felstörl, wo sich zwei markierte Anstiegsrouten treffen, ist es mit der Einsamkeit vorbei. Der Hochfelln ist zum Greifen nah, doch ob ein Abstecher zum von Mensch und Technik in Beschlag genommenen Gipfel Lust macht, sei dahingestellt. Im Sommer kann man freilich gut den Abend abwarten, um dann nach Sonnenuntergang im letzten Licht zur Bründling- Alm abzusteigen. Ab hier sind die breiten Wege auch bei etwaiger Dunkelheit leicht zu meistern.

Am bewaldeten Bergkamm der Strohnschneid mit Blick zum Sonntagshorn

Anfahrt

Auto A 8 Ausfahrt Siegsdorf, St 2098 nach Ruhpolding, am Ortsbeginn beschilderte Abzweigung zur Steinbergalm (Maiergschwenderstraße, dann folgt die steile Bergstraße); gebührenpflichtiger Parkplatz

Charakter

Nach bequemem Auftakt über sanfte Almwiesen folgt ein steiler Waldanstieg zum Gipfelkamm der Strohnschneid. Hier herrlicher Höhenweg mit leicht ausgesetzten Felspassagen und freiem Panoramablick. Abstieg auf markierten Steigen und Wegen.

Variante

Der Abstecher zum Hochfelln-Gipfel dauert vom Felstörl nur eine halbe Stunde.

Einkehr/Übernachtung

Berggasthof Steinbergalm, 1002 m, Tel. 0 86 63 - 17 20, ganzjährig ohne Ruhetag, www.steinberg-alm.de; Bründling-Alm, 1160 m, Tel. 0 86 62 - 82 31, ganzjährig, www.bruendlingalm.de; Öderkaser, Tel. 0 86 62 - 84 68

Route

Steinbergalm → Strohn-Alm (20 Min.) → Gipfelkreuz Strohnschneid (1 ¾ Std.) → Steintörl am Hochfelln (2 ¼ Std.) → Bründling-Alm (3 Std.) → Steinbergalm (3 ½ Std.)

! An der Südseite der **Steinbergalm** rechts der Straße wenige Meter die Wiese hinauf und auf schönem Almweg leicht ansteigend nach Süden → **!** stets über den ausgeprägten Weiderücken, den Zaun rechts am Waldrand übersteigend, zur **oberen Wiese** → **!** die Wiese am Wegweiser „Michaelsklause" ein Stück weit eben queren und auf dem Forstweg in den Wald → **!** wenig später an den großen Steinmandl (Einstieg) rechts den Steig in vielen Serpentinen die **steile Waldflanke** empor → an der Gratschneide rechts auf dem klar erkennbaren Pfad zum Gipfelkreuz der **Strohnschneid** empor → weiter leicht ansteigend am Kamm entlang über **Gratköpfe** durch teils felsige Latschengassen zum **Felstörl** am Hochfelln → Abstieg auf markiertem Steig durch das nordseitige Felskar über **Bründling-Alm** und **Öderkaser** zur **Mittelstation** der **Hochfelln-Seilbahn** → nach kurzem Abstieg quert der Weg, die Abzweige nach Bergen ignorierend, gemütlich zur **Steinbergalm**

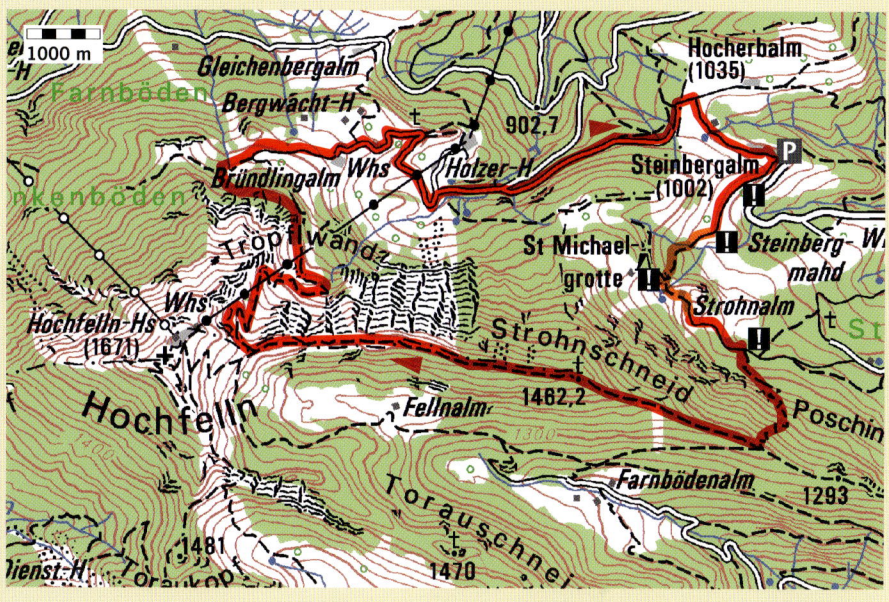

Verdiente Rast
am Gipfelkreuz

Die imposanten Teufelshörner – getrennt von einem Strom aus verwittertem Karstgestein

Hirschröhren in der Röth

Über die Wasseralm zu den Teufelshörnern

Das Watzmann-Echo auf dem Königsseer Ausflugsboot ist legendär, doch noch mystischer klingt das inbrünstige Röhren der Hirsche während der Brunftzeit im Oktober. Wer zu dieser Zeit im einsamen Hagengebirge unterwegs ist, wird Zeuge spektakulärer Revierkämpfe. Nicht minder eindrucksvoll ist der Anblick der Großen Teufelshörner, die der bekannte Bergpionier Hermann von Barth einst als „prachtvolles ungleiches Spitzenpaar, drohend dem, der seinen Scheiteln sich naht, herzerhebend für jenen, der auf ihm bereits gestanden" beschrieb.

Nur gut neun Stunden liegen zwischen dem Anlegen des ersten und der Abfahrt des letzten Bootes an der Saletalm. Zu wenig, um die Besteigung des Großen Teufelshorns als Tagestour genießen zu können. Deshalb empfehlen wir die Wasseralm als Übernachtungsstützpunkt und kehren tags darauf über den Schneibstein nach Schönau am Königssee zurück (siehe Tour 26).

Eine Vollmondnacht im Oktober. Der erste Schnee liegt in der Luft. Die Hirsche scheinen den Wetterumschwung zu spüren, jedenfalls ist der Kampf um Revier und Fortpflanzung voll entbrannt. Auf der Waldlichtung an der Wasseralm spielt sich ein großes Spektakel ab: Ein halbes Dutzend Hirsche kämpft um die Vorherrschaft. Geweihe knacken, begleitet von blechernem Röhren. So laut, dass es jedes Schnarchen im Schlafsaal problemlos übertönt. Ein Wanderer richtet sich eigens in der Almstube ein, um den Kampf der Giganten mit halbwachen Augen vom Fenster aus zu beobachten.

Auch tagsüber begleitet uns die Brunft. Vom freien Talkessel unterhalb der Röthwand bis zum großen Schuttkar an den beiden Teufelshörnern ist das Röhren zu vernehmen, teilweise verzerrt durch das skurrile Echo am Berg. Auch markante

Fotogene Lärche am Fuß des Großen Teufelshorns

119

Ruhenische am breiten Gipfel. Hinter dem weitläufigen Hagengebirge ist der Hohe Göll zu erkennen.

Schlüsselstelle am Teufelshorn

Duftnoten steigen einem beim Überqueren der Waldlichtungen in die Nase. Das entlegene Wald- und Wiesengelände, von Felswänden in kleinere Reviere unterteilt, ist ein Eldorado für das Rotwild.

Den ersten Blick auf die Teufelshörner erhascht man nach Bewältigung der zweiten Geländestufe. Unterhalb der ehemaligen Jagdhütte Görings, der hier einst sein Unwesen trieb, teilen sich die Wege: Rechts geht es zum Kleinen, links im Bogen zum Großen Teufelshorn. Beide Anstiege haben ihren Reiz, doch wir entscheiden uns für den höheren Gipfel. Der Steig windet sich so geschickt um die Felsen der abweisenden Westflanke herum, dass er nur an wenigen Stellen exponierte Tiefblicke zulässt. Nach einer kurzen Kraxelstelle erreicht man am Gipfelrücken flacheres Wiesengelände und freut sich über den grandiosen Rundblick.

Außer uns erreicht an diesem Traumtag nur ein junger Salzburger, der einen 12-Stunden und 3500-Höhenmeter-Marathon von und nach Vorderbrand nicht scheut, das Teufelshorn. Doch wie wir zeigt auch er Respekt vor dem zackigen Verbindungsgrat, über den man in teils luftiger Kletterei zum kleinen Gipfelbruder gelangen könnte. Dann doch lieber die Brotzeit und das grandiose Gipfelpanorama um ein paar Augenblicke verlängern …

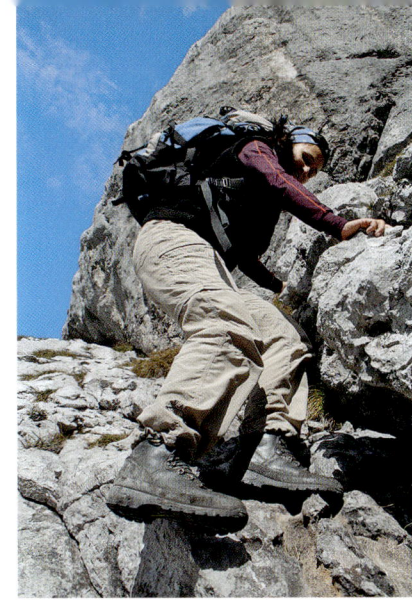

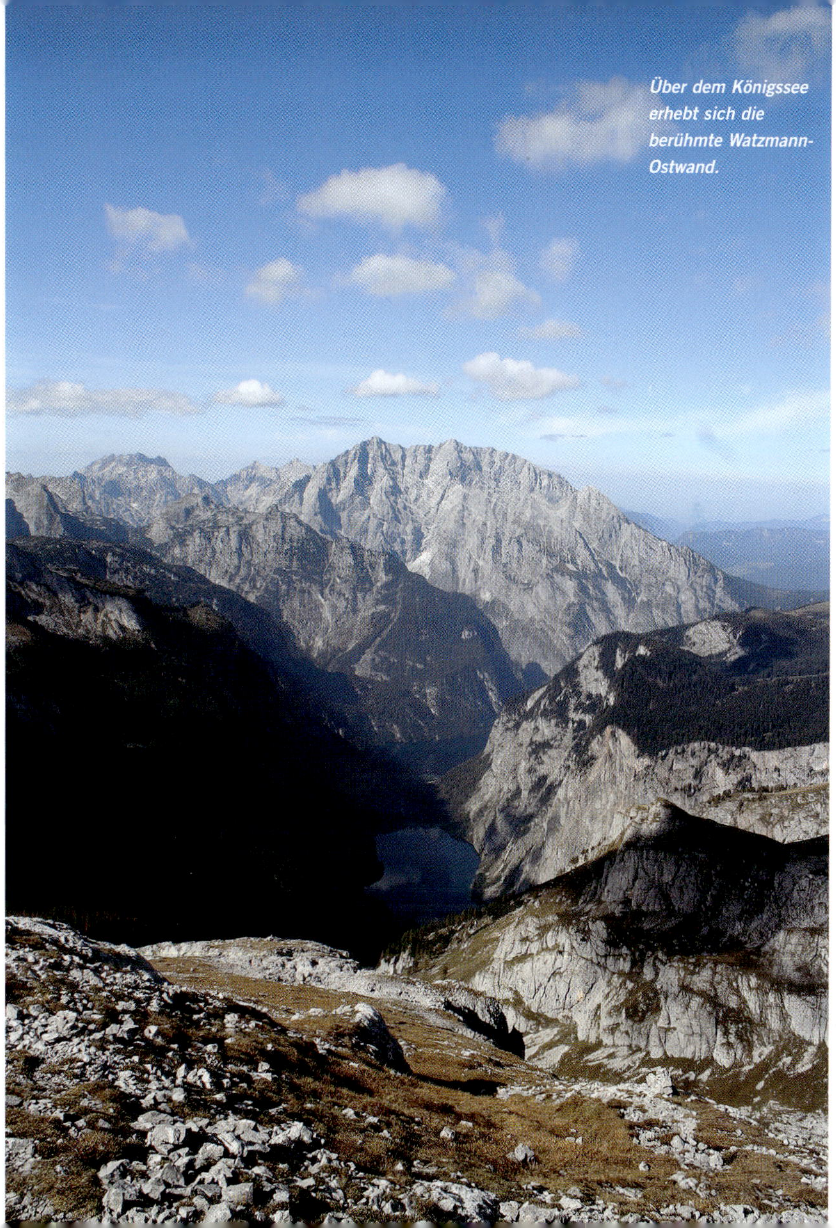

Über dem Königssee erhebt sich die berühmte Watzmann-Ostwand.

Wildalmkirchl 2578 m   Hochponegg 2570 m   Selbhorn 2655 m   Schönfeldspitze 2653 m   Grieskogel 2543 m   Graskopf 2519 m   Funtenseetauern 2579

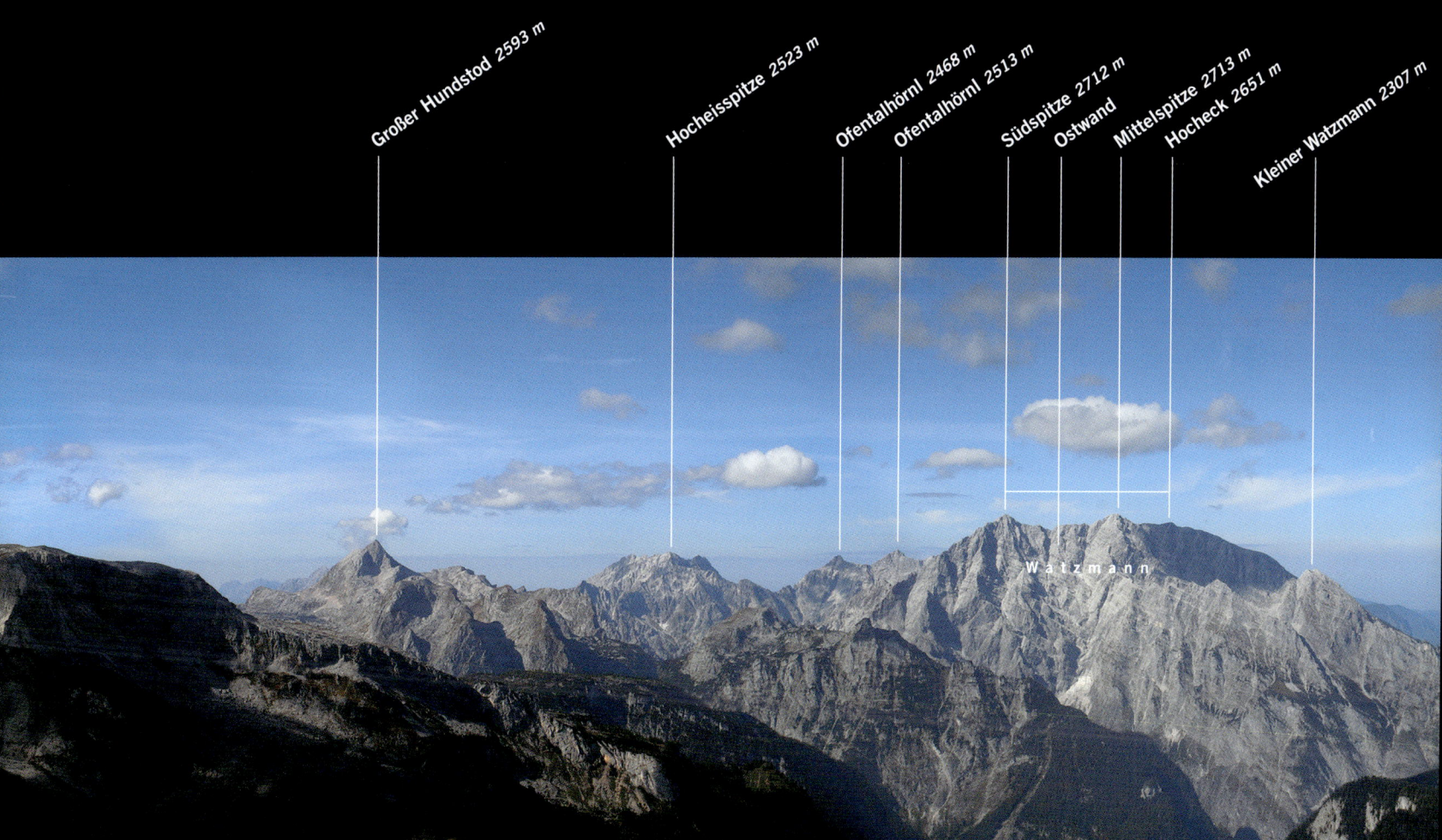

Großes Teufelshorn (2362 m)

Großer Hundstod 2593 *m*

Hocheisspitze 2523 *m*

Ofentalhörnl 2468 *m*

Ofentalhörnl 2513 *m*

Südspitze 2712 *m*

Ostwand

Mittelspitze 2713 *m*

Hocheck 2651 *m*

Kleiner Watzmann 2307 *m*

W a t z m a n n

Anfahrt

ÖVM Deutsche Bundesbahn nach Freilassing, Berchtesgadener Land Bahn nach Berchtesgaden und Bus Linie 843 zum Königssee

Auto A 8 Ausfahrt Siegsdorf, Deutsche Alpenstraße (B 305) über Inzell nach Ramsau, kurz vor Berchtesgaden beschilderter Abzweig nach Schönau am Königssee, großer Parkplatz an der Jennerbahn (gebührenpflichtig), Boot Seelände Königssee bis Salet Obersee, Abfahrt im Sommer ab 8 Uhr (Fahrzeit 55 Min.), späteste Rückfahrt 18.10 Uhr (www.seenschifffahrt.de)

Etwa zehn Gehminuten unterhalb des Großen Teufelshorns ...

Charakter

Nach gemütlicher Bootsfahrt über den Königssee wandert man auf dem teils ausgesetzten Röthsteig (nur für Geübte) zur Wasseralm. Die Besteigung des Großen Teufelshorns erfordert ebenfalls Trittsicherheit und Schwindelfreiheit. Großartige Landschaft und phantastischer Gipfelblick! Nur in Verbindung mit einer Übernachtung auf der Wasseralm zu empfehlen.

Einkehr/Übernachtung

Wasseralm (1416 m), Tel. 0 86 52 - 22 07, Juni bis Anfang Oktober, Lagerraum ganzjährig geöffnet, Reservierungen nur über Email (monikabgl@web.de, ohne Rückbestätigung)

Route

Saletalm → **Beginn Röthsteig** (1 ¼ Std.) → **Wasseralm** (3 Std.) → **Abzweig Kleines Teufelshorn** (3 ¾ Std.) → **Großes Teufelshorn** (5 ½ Std.) → **Wasseralm** (7 ½ Std.) → (Saletalm (10 Std.))

Anstieg Wasseralm: Kurzer, ebener Weg zum Obersee, an dessen Südwestufer Richtung Fischunkelalm und durch ein kurzes Waldstück in den freien Talkessel unterhalb der Röthwand → auf dem gut gesicherten Röthsteig erst durch Wald, oberhalb der Weggabelung (hier rechts halten) teils auf natürlichen Felsbändern leicht ausgesetzt durch die Steilwand empor → oberhalb der Wand nun flacher in Geländestufen durch den Wald und an der großen Lichtung links zur Wasseralm

Anstieg Teufelshorn: hinter der Bachbrücke an der Weggabelung rechts → Steig über bewaldete Geländestufen und die verfallene Schabaualm in südöstliche Richtung folgen → an der Gabelung links (Ww. Großes Teufelshorn) und aus der Geländemulde bis zum unteren Karende der Teufelshörner empor → über den das Kar begrenzenden, schwach ausgeprägten Gratrücken in ein Schotterfeld → scharf links durch eine Rinne über Felsplatten (leichte Kletterstellen) und die Nordseite querend in flacheres Wiesengelände, über das der Gipfel erreicht wird → Abstieg auf derselben Route

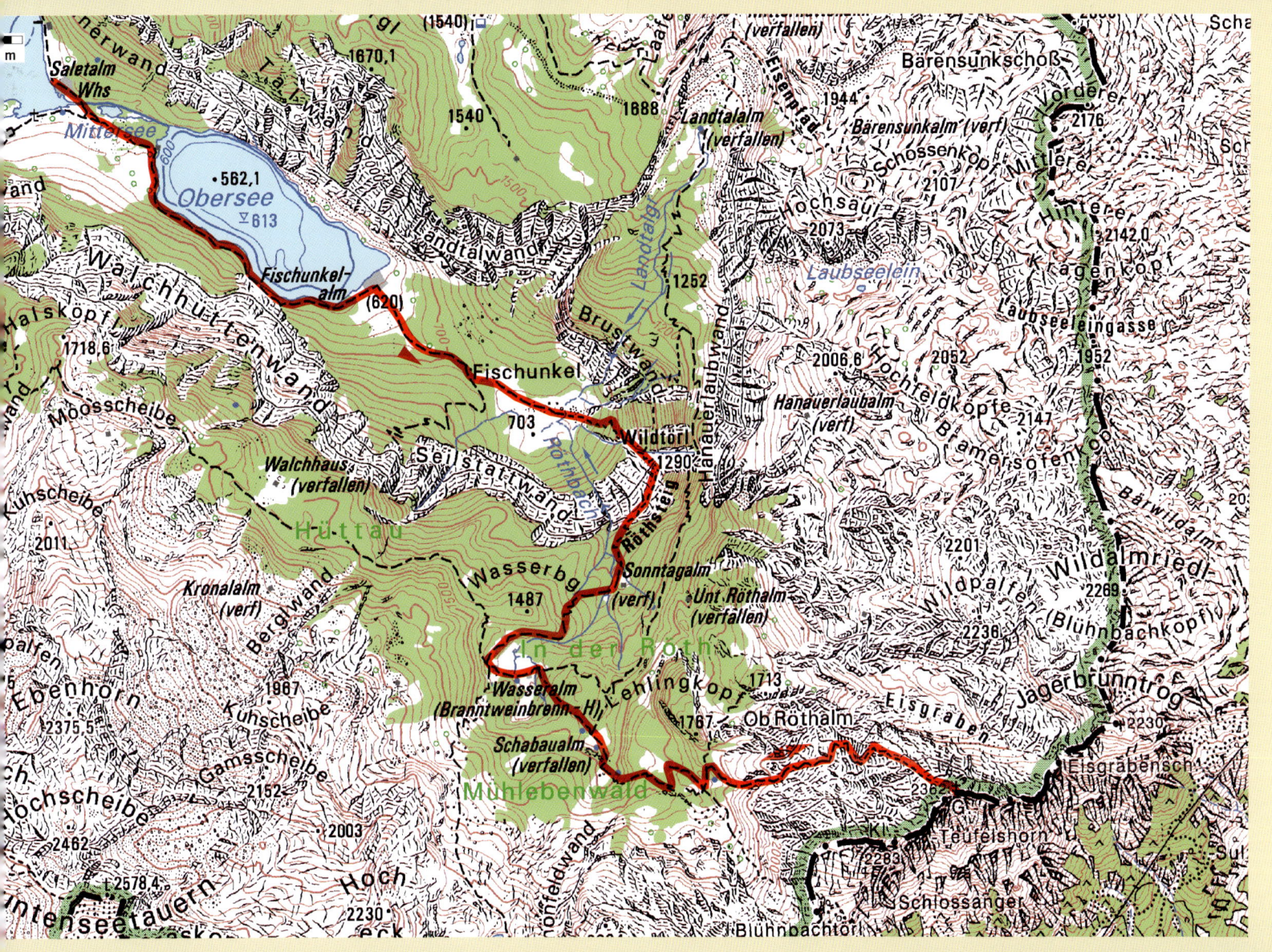

125

Karstlandschaft und Höhlenreichtum

Über den Windschartenkopf zum Schneibstein

Aus der Vogelperspektive wirkt das Hagengebirge wie ein großes Hufeisen, das sich nach Osten hin öffnet. Zwischen dem Großen Teufelshorn, der höchsten Erhebung, und dem Schneibstein, dem nördlichen Eckpfeiler des Gebirges, zieht sich der Verbindungskamm mit zahlreichen Gipfeln rund zehn Kilometer in die Länge. Am Windschartenkopf erreichen wir den Grat und blicken in eine weite Karstlandschaft, die aus den abgelagerten Sedimentschichten, abgestorbenen Muschelkalken und mächtigen Korallenriffen des urzeitlichen Meeres besteht.

Der Hochgeschirrsattel ist ein einziger Trümmerhaufen.

Besonders lohnend ist die Überschreitung des Hagengebirges in Verbindung mit der Besteigung des Großen Teufelshorns am Vortag (siehe Tour 25). Auf diese Weise verschafft man sich nicht nur einen hervorragenden Überblick über die respektable Ausdehnung des abgelegenen Gebirgsstocks, sondern man kommt auch in den Genuss, die lange Streckentour an der idyllisch gelegenen Wasseralm zu beginnen und somit um etliche Höhenmeter zu verkürzen.

Von der Wasseralm geht es zunächst in leichtem Auf und Ab durch die Wälder der Röth, dann quert der Steig unterhalb der Hanauer Laubwand mit großartigem Tiefblick auf den Obersee in jene Waldsenke hinab, wo der Anstieg vom Talkessel in unsere Route mündet. Anschließend steigt man im Landtalgraben zu den verfallenen Landtal- und Mitterhüttenalmen hinauf; die meisten Almen sind in diesem Gebiet der Sennertradition zum Trotz seit Jahren verwaist. Weiter geht es durch den schönen Bergkessel zum Hochgeschirr empor. Über dem steinigen Sattel thront der mächtige Kahlersberg, den man in gut einer Stunde über das sogenannte Mausloch erklimmen kann. Und Richtung Norden erkennt man den weiteren Wegverlauf: Nach dem Abstieg zum malerisch in der Felslandschaft eingebetteten Seeleinsee wandert man zwischen Fagstein und Hochseeleinkopf durch das einladende Hochkar empor.

Langsam zieht der markierte Wanderweg bis zur Windscharte hoch. Knapp eine halbe Stunde oberhalb des Seeleinsees zweigt allerdings ein schwach markierter Steig zum Windschartenkopf ab, der die Route zwar verlängert, dafür aber eine überaus lohnende Gratpassage als Zugabe bietet. Man überwindet die mäßig steile Geröll- und Felsflanke bis zu einem Sattel, von dem man nordwärts auf dem meist breiten Gratrücken den Schlumkopf überschreitet und problemlos zum Windschartenkopf quert.

Dieser aussichtsreiche Gipfel wird eher von Steinböcken als von Wanderern frequentiert. Die stolzen Tiere, in den 1930er Jahren im Nationalpark wieder angesiedelt, lassen sich kaum aus der Ruhe bringen; allzu aufdringliche Fotografen halten sie sich Erzählungen zufolge mit einem kräftigen Fauchen vom Hals. Bei unserem Besuch treffen wir jedoch weder Mensch

noch Tier, was wohl auch dem kühlen Nebelwetter geschuldet ist.

Nach kurzem Abstieg zur Windscharte stoßen wir wieder auf den markierten Wanderweg. Es folgt eine sehr genussreiche Querung zum Schneibstein, der Weg ist auf der begrasten Hochfläche bei schlechter Sicht jedoch nicht immer leicht zu finden. Vom Carl-von-Stahl-Haus wartet noch ein knapp zweistündiger Abstieg zum Königssee, doch mit den grandiosen Eindrücken der zwei Tourentage im Hagengebirge macht selbst der finale „Hatscher" Lust und Laune.

Viele Höhlen sind im Hagengebirge noch unerforscht.

An diesem auffallenden Krater wandert man auf dem Weg zum Schneibstein rechts vorbei.

Anfahrt
siehe Tour 25

Charakter
Großartige Überschreitung des Hagengebirges auf einem Teilabschnitt der „Kleinen Reibn". Von wenigen exponierten Stellen abgesehen einfaches Gelände auf meist gut markierten Steigen. Lohnend ist die Zugabe auf den Windschartenkopf (Abzweig von der Normalroute, Geländeüberblick vonnöten). Achtung: Bei Nebel ist die Orientierung schwierig! Lange Wegstrecke, daher sehr gute Kondition unabdingbar!

Variante
Bei Beginn an der Saletalm verlängert sich die Tour um 1 ¼ Std. und 500 HM im Anstieg: Man wandert am Obersee vorbei in den großen Talkessel, folgt dem Steig Richtung Röthwand und hält sich an der Weggabelung links (Ww. Gotzenalm; rechts Abzweig Wasseralm, siehe Tour 31); im Wald vereinen sich die beiden Routen.

Einkehr / Übernachtung
Wasseralm (1416 m), Tel. 0 86 52 - 22 07, Juni bis Anfang Oktober, Lagerraum ganzjährig, Reservierungen nur über Email (monikabgl@web.de, ohne Rückbestätigung); Carl-von-Stahl-Haus (1734 m), Tel. 0 86 52 - 27 52, ganzjährig, www.carl-von-stahl-haus.com; Königsbachalm (nur Einkehr)

Der malerische Seeleinsee

Route

Wasseralm → **Weggabelung in Waldsenke (1 ¼ Std.)** → **Abzweig Gotzenalm (2 Std.)** → **Hochgeschirr (3 Std.)** → **Seeleinsee (3 Std. 20 Min.)** → **Abzweig Windschartenkopf (3 ¾ Std.)** → **Windschartenkopf (4 ¼ Std.)** → **Windscharte (4 ½ Std.)** → **Schneibstein (5 ¼ Std.)** → **Stahlhaus (6 ½ Std.)** → **Königsbachalm (7 ¼ Std.)** → **Parkplatz Königssee (8 ¼ Std.)**

Östlich der **Wasseralm** die Bachbrücke überqueren und in weitem Bogen mit Tiefblick auf den Obersee unterhalb der Hanauer Laubwand in den Wald absteigen → ab der Weggabelung Gegenanstieg durch den Waldgürtel, den Abzweig zur Gotzenalm ignorieren und über eine steile Grasstufe zum **Hochgeschirr** empor → Abstieg über leichten Fels und Schotter zum **Seeleinsee** → geruhsamer Anstieg über das weite Hochkar stets unterhalb der Felsgipfel in nordöstliche Richtung → 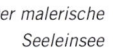 an der Weggabelung rechts dem mit einzelnen Steinmandl markierten Steig über leichtes Felsgelände zum Sattel am **Schlumkopf** empor, diesen nach Norden überschreiten und am Grat weglos zum **Windschartenkopf** queren → in Gratnähe über Gras und Schrofen zum **Windschartensattel** hinab (Wegkreuz) und auf dem Normalweg durch weitläufige Wiesen und Steinfelder (hier Markierungen beachten), einen Krater rechts umgehend, zum **Schneibstein** → Abstieg auf dem breiten Nordwestrücken über das **Stahlhaus** zum **Schneibsteinhaus** und links Fahrweg zur **Königsbachalm** → nach kurzer Wegstrecke auf dem Fahrweg an der Weggabelung links zum Ausgangspunkt (Ww. **Königssee** über Hochbahnweg)

Kühnes Horn mit sanfter Südseite

Über die Hochwildalmhütte auf den Gebra

Zwischen den Felsköpfen am Gebra-grat zeigt sich der Bischof.

Beim Aufstieg zur Hochwildalmhütte wandert man auf die formschöne Berg-gestalt des Bischofs zu. Gegen die bekannte Kitzbüheler Gipfelgröße wirkt der benachbarte Gebra beim Anstieg von Süden etwas unscheinbar und langweilig. Dabei ragt unser Tourenziel von Nordosten aus betrachtet als kühnes Felshorn in den Himmel. Wer das nicht glaubt, wird nach dem spannenden Gratanstieg spätestens auf dem engen Gipfel beim imposanten Tiefblick eines Besseren belehrt ...

Da die Wanderung auf den Gebra sowohl von der Länge als auch von den technischen Anforderungen her überschaubar ist, kann man sie auch nach den ersten zarten Wintereinbrüchen noch problemlos angehen. Allerdings sollte man dann warten, bis sich der Neuschnee entweder gesetzt hat oder bis die weiße Pracht unter Einwirkung der wärmenden Sonne zu Tale gerutscht ist. Die steilen Südhänge bergen jedenfalls ein erhöhtes Lawinenpotential.

Bei unserer Novemberbesteigung ist zwar die Lawinengefahr gebannt, dafür hat sich im Plateau oberhalb der Hochwild-almhütte ausreichend Schnee gesammelt, um dort gnadenlos einzubrechen. Dieser kräftezehrende Umstand wird später entscheidend sein für den spontanen Beschluss, vom Kleinen Gebra über den Südkamm abzusteigen; rasch erreicht man bei dieser Abstiegsvariante jenen Querweg, der vom Gebrajoch zur Hochwildalmhütte herüberzieht.

Als etwas heikel kann sich auch die nordseitige Gipfelrippe am Gebra erweisen, sofern sie mangels Sonneneinstrahlung gefroren und ohne Steigeisen schwierig zu gehen ist. Doch vom Fuß des Gipfelaufbaus kann man problemlos auf den nahen Grat emporsteigen, Pfadspuren leiten geschickt an einzelnen Felstürmen vorbei und treffen oberhalb der Rippe wieder auf den Normalweg. Von hier ist es nur noch ein Katzensprung bis zum überraschend engen Gipfel, der dem Platzmangel zum Trotz sogar eine Sitzbank zu bieten hat. Welch komfortable Gelegenheit, die phantastische Gipfelkulisse vom Wilden Kaiser über die Loferer und Leonganger Steinberge, dem Steinernen Meer und den Hohen Tauern bis zu den beiden Rettensteinen in aller Ruhe zu genießen. Auch der Verbindungsgrat zum Bischofsjoch lässt das Bergsteigerherz höher schlagen, doch mit dieser reizvollen Aufgabe setzen wir uns besser im Sommer auseinander ...

*Blick vom Großen
Gebra über Stuckkogel
und Kitzbüheler Horn
zum Wilden Kaiser*

181

Großes Rothorn 2409 m
(Loferer)

Mitterhorn 2504 m

Großes Reifhorn 2480 m

Großes Ochsenhorn
2511 m

Großes Häuselhorn
2284 m

Stadelhorn 2286 m

Wildseelode
2119 m

Hochei
2523

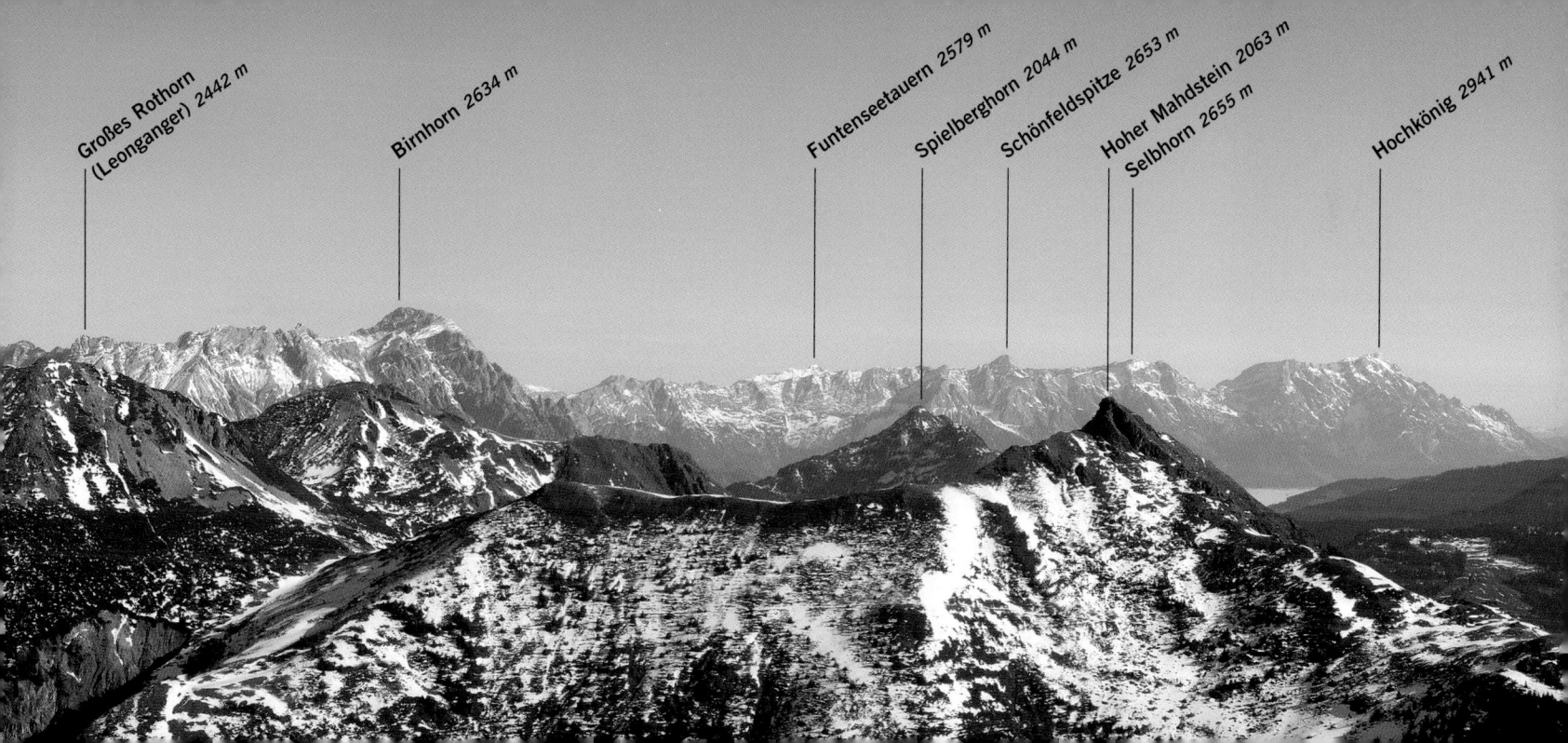

Großes Rothorn 2442 m
(Leonganger)

Birnhorn 2634 m

Funtenseetauern 2579 m

Spielberghorn 2044 m

Schönfeldspitze 2653 m

Hoher Mahdstein 2063 m

Selbhorn 2655 m

Hochkönig 2941 m

Schneekuppe wenige Meter unter dem Gipfel

Anfahrt

Auto Inntalautobahn A 12 Ausfahrt Kufstein Süd, über St. Johann und Kitzbühel bis Aurach, im Ort Abzweig über Wildaurach Richtung Wildtierpark, Parkplatz an der markanten Kehre unterhalb des Tierparks (3,5 km ab Aurach)

Charakter

Nach kurzweiligem Warmup am Auracher Bach geht es über mäßig steile Wiesen zur Hochwildalmhütte. Ab hier sonniger Südanstieg zum Gipfelgrat des Gebra, der etwas Trittsicherheit und Schwindelfreiheit erfordert. Grandiose Gipfelschau!

Variante

Abstieg zum Gebrajoch und anschließend über Knappenstuben, Gebraalm, Branderalm und Wildpark zum Parkplatz (vom Zeitaufwand etwa identisch); im oberen Bereich teils abschüssiges Gelände, bei Nässe meiden!

Einkehr / Übernachtung

Hochwildalmhütte (1557 m), Tel. ++43 - 676 - 303 36 31, Juni bis Mitte Oktober, im Winter zeitweise geöffnet

Route

Parkplatz Auracher Graben → **Abzweig Nieder-Wildalm (40 Min.)** → **Hochwildalmhütte (1 ¼ Std.)** → **Gr. Gebra (2 ¾ Std.)** → **Kl. Gebra (3 Std.)** → **Querweg (3 ½ Std.)** → **Hochwildalm (4 Std.)** → **Parkplatz (5 Std.)**

Vom Parkplatz auf dem breiten Forstweg am **Auracher Bach** talein → an der Weggabelung links (Ww. Gebra, Wildalpe), den Almweg in der ersten Kehre links verlassen und auf dem alten Almweg direkt zur **Wildalpe** (Almkreuz) empor → ▮ an der Alm wenige Meter auf dem Fahrweg bis zum Scheitelpunkt der ersten Kehre, hier rechts und nach ca. 30 m den oberen, steileren Graspfad empor → bei der Einmündung in den Fahrweg rechts zur **Hochwildalmhütte** → an der Alm rechts und nach ca. 15 Min. Hanganstieg links dem markierten Steig folgen (Ww. Gebra) → über ein Plateau und einen kurzen Steilhang zu den Südhängen des **Gebra**, diese westwärts queren und wenige Meter auf den **Gebrasattel** hinauf → wahlweise auf dem nordseitigen Steig oder schöner auf dem Gratrücken, einzelne Felstürme an geeigneter Stelle umgehend, zuletzt auf dem sich verengenden Kamm zum **Gipfelkreuz** → Abstieg zurück zum Sattel und wenige Meter auf den **Kl. Gebra** → ▮ auf dem südseitigen Gipfelkamm ca. 250 HM querfeldein erst über freie Wiesen, dann steiler durch Wald hinab → ▮ am Querweg links und anfangs höhengleich zur **Hochwildalmhütte** queren → auf bekannter Route zum Parkplatz

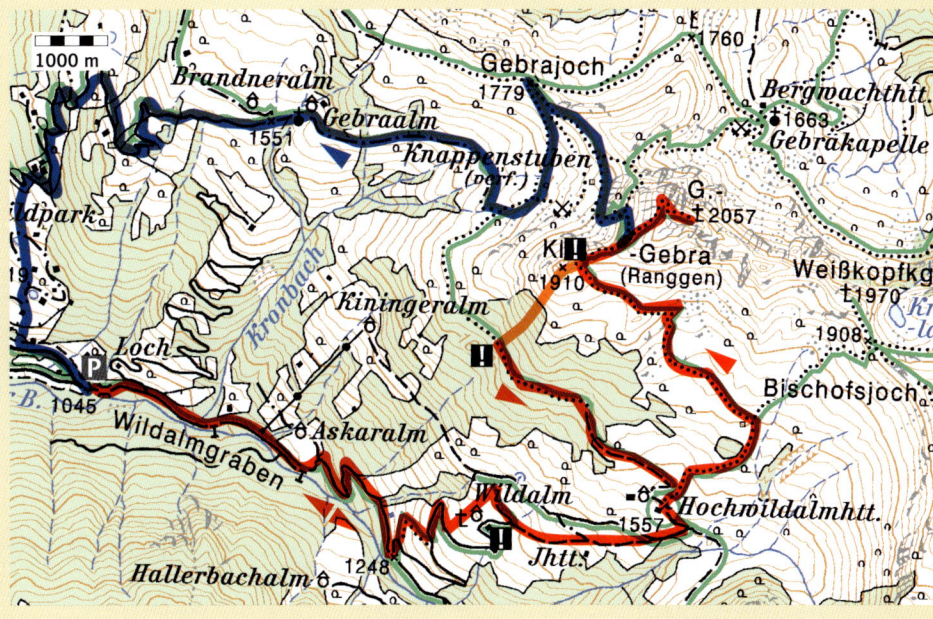

Welch Luxus am engen Gipfel: eine Sitzbank
mit freiem Blick auf die Hohen Tauern
bei absolutem Kaiserwetter ...

Steilgrasiger Gipfelkamm

Über die Blaue Lacke zum Kleinen Rettenstein

Ganz gemütlich steuern wir morgens mit den Fahrrädern in den Oberen Grund. Noch ahnen wir nicht, welche Erlebnisse uns dieser warme Augusttag bescheren wird. Steinpilze im Überfluss, eine Kreuzotter an der Blauen Lacke, anregende Graskletterei an den „Kamelbuckeln" des Gipfelkamms, Blitz und Hagel beim Kuchen- verzehr in der warmen Stube der Kloo-Niederalm und als spannendes Finish ein eindrucksvoller Murenabgang, der uns den Rückweg nach Aschau versperrt …

Beim Anstieg über die „Kamelbuckel" sind einige abschüssige Stellen zu queren.

Anfangs besteht unsere Gruppe aus sechs Erwachsenen, fünf Kindern und einem Australian Shepherd, außer uns ist trotz eitel Sonnenscheins so gut wie niemand unterwegs. Zugegeben, der steile Anstieg zur Stadlbergalm ist vor allem für Kinder nicht besonders motivierend, es sei denn, man findet im Wald 39 Steinpilze und entfacht somit einen spannenden Suchwettbewerb. Bei der Hangquerung zur Blauen Lacke läuft es angesichts üppiger Blaubeerfelder und der Aussicht auf eine spritzige Badeeinheit im Bergsee ohnehin wie von selbst.

Nach der Erfrischung nebst Brotzeit und Verscheuchen einer überraschten schwarzen Kreuzotter reduziert sich unser Gipfelteam auf vier Erwachsene und den zwölfjährigen Lorenz. Zeit zum Aufbruch, denn der Himmel verdunkelt sich langsam und mit Gewittern ist am ausgesetzten Gipfelkamm nicht zu spaßen. Wir suchen uns einen Weg durch den Teppich aus

Schwarzbeersträuchern und Zwergwacholder und erreichen zuletzt auf erkennbaren Pfadspuren den Grat. Hier stoßen wir wieder auf den durchgängig markierten Pfad zum Kleinen Rettenstein. Über Geländestufen geht es zügig bis auf den ersten Graskopf empor. Insgesamt besteht der Kleine Rettenstein aus vier „Kamelbuckeln", und zu unserer Überraschung wird jeder einzelne auf dem Weg zum Gipfelkreuz erklommen. Das steilgrasige Gelände, garniert mit felsigen Rippen und respektablen Abgründen, erinnert an die Gipfelwelt der Allgäuer Alpen.

Am schmalen Gipfel hat sich die Sonne längst verabschiedet, die Sicht reicht kaum über den großen Bruder, den Großen Rettenstein, hinaus. Aber das erste Donnergrollen setzt erst beim Abstieg in den Oberen Grund ein, und als das Wetterspektakel so richtig wütet, naschen wir bereits am vorzüglichen Kuchen in der warmen Stube der Kloo-Niederalm. Nichts ahnend, dass dieser Zwischenstopp uns noch ein kleines Abenteuer bei der Abfahrt nach Aschau bereit halten würde: Auf halber Strecke hat ein Zufluss der Oberen Grund-Ache eine respektable Schlamm- und Geröllmure ins Rollen gebracht, durch die es auf dem Forstweg kein Durchkommen gibt. Folglich steigen wir gut hundert Meter den Wald empor und überqueren den Bach, beidseitig von meterhohen Seitenmoränen flankiert, etwas mühsam an „geeigneter" Stelle.

Als am Abend die Steinpilze in der Pfanne unserer Hütte brutzeln, hat Karin, unsere tapfere Muren-Pionierin, den kniehohen Schlamm längst von Beinen und Bergschuhen entfernt. Und da der Kleine Rettenstein ein grandioser Aussichtsberg sein soll, kehren wir bestimmt eines Tages auf seinen Gipfel zurück …

Schwungvoll dem Gipfel entgegen; im Hintergrund der Große Rettenstein

Treffpunkt Stadlbergalm: Miriam posiert zwischen Joshua, Lorenz, Bruder Fabian und Yannick für ein Gruppenfoto.

Anfahrt

Auto Inntalautobahn A 12 Ausfahrt Wörgl B 170 über Hopfgarten nach Kirchberg, im Ort Abzweig nach Aschau, Parkplatz am Ortsende südlich der Oberlandhütte (Taleinschnitt Oberer Grund)

Charakter

Nach Überwindung der Steilstufe aus dem Oberen Grund folgt eine genussreiche Querung zum Bergstock des Kleinen Rettensteins. Wahlweise direkt oder über die Blaue Lacke westlich der Gratschneide empor und über drei abschüssige Grasbuckel teils exponiert (leichte Kletterstellen) zum Gipfelkreuz. An den Gipfelköpfen sind Trittsicherheit und Schwindelfreiheit erforderlich, bei Nässe Rutschgefahr! Bis auf den Abschnitt von der Blauen Lacke zum Gipfelkamm durchwegs markierte Steige.

Bike

Von Aschau an der Oberen Grund-Ache zur Kloo-Niederalm (hin und zurück 6 km, 1 ¼ Std. Wegersparnis)

Einkehr

Kloo-Niederalm (1163 m), Tel. ++43 - 53 57 - 81 93, Mai bis Anfang Oktober; Aschau: Gasthaus Gredwirt, Dorf 17, täglich ab 11 Uhr

Route

Aschau → Kloo-Niederalm (¾ Std.) → Stadlbergalm (1 ¾ Std.) → Blaue Lacke (2 ½ Std.) → Kleiner Rettenstein (3 ½ Std.) → Stadlbergalm (5 Std.) → Kloo-Niederalm (5 ¾ Std.) → Aschau (6 ¼ Std.)

Auf dem Forstweg leicht ansteigend zur Kloo-Niederalm im Oberen Grund → links führt der beschilderte Steig (Ww. Kl. Rettenstein) über eine steile Geländestufe durch Wald und über Wiesen zur Stadlbergalm → nun flacher über Almwiesen und durch lichten Zirbenwald nach Süden zu einer Anhöhe → an der Weggabelung links leicht absteigend zur Blauen Lacke → ❗ in westliche Richtung weglos zum Bergkamm hinüberqueren (Steigspuren im letzten Steilaufschwung) → am Grat links auf markiertem Graspfad zuletzt steil auf den ersten Gipfelkopf empor → in Gratnähe über zwei weitere Grasbuckel teils ausgesetzt zum Gipfelkreuz (leichte Kletterstellen) → Rückweg stets auf dem markierten Pfad über die Stadlbergalm in den Oberen Grund

Karins aussichtsloser Kampf gegen die Mure

Eine zweigestreifte Quelljungfer an der Blauen Lacke

Zwischen den bekannten Tuxer Gipfelgrößen Hirzer, Gilfert und Rastkogel liegen einige schöne Bergziele, die bei Skitourengehern recht beliebt sind. Im Sommer hingegen fristen Nebengipfel wie der Hohe Kopf mangels markierter Wege ein eher einsames Dasein. Dabei fühlt man sich angesichts der unberührten, teils sumpfigen Graslandschaft fast an ein schottisches Hochmoor erinnert.

Gebetsfahnen am Gipfelkreuz

Über Almwiesen auf den Hohen Kopf

Gipfelblick am späten Nachmittag nach Süden zu Rastkogel und Olperer ...

Nach einem etwa halbstündigen Warmup auf dem Weg zur Weidener Hütte beginnt der Abstecher in die Almwelt der Tuxer Alpen. Zwischen dem sogenannten Alpl und den oberen Fideriss-Almen, wo die Kühe im Hochsommer weiden, wandert man durch lichten Zirbenwald. Die Zirbe gilt als „Königin der Alpen", weil sie von allen Baumarten die höhenresistenteste ist; sie trotzt der rauen Witterung und leistet somit einen wertvollen Beitrag zum Lawinenschutz. Auf dem kalkhaltigen Boden breitet sich ein Teppich aus Alpenrose, Schwarzbeere und Zwergwacholder aus. Und durch diese schöne Botanik schlängelt sich unser Steig hindurch.

Oberhalb der Baumgrenze und des Weidegebiets der Fideriss-Almen bildet die Zwergstrauchheide den Übergang von der Waldflora zum hochalpinen Rasen. In diesem Bereich folgt man dem Wildbach über eine kurze Steilstufe bis zu dessen Quelle, die von bunten Moospolstern umgeben ist. Weiter geht es schräg querend über einzelne Grasstufen empor: Je weiter man sich dem Gipfel annähert, desto großzügiger lehnt sich das Gelände zurück. Das mit Gebetsfahnen geschmückte Gipfelkreuz erkennt man erst mit Erreichen einer zwischen Felsköpfen gelegenen Mulde, durch die der finale Anstieg erfolgt.

Vom Gipfel genießt man den Rundblick auf die Tuxer Alpenwelt mit dem nur gut zwei Kilometer Luftlinie entfernten Rastkogel. Hinter dem Nafingköpfl, der Orientierungsberg für unseren Abstieg, taucht das Gletschertrio Olperer, Gefrorene Wandspitze und Hoher Riffler auf. Die deutlich sichtbaren Pfadspuren auf dem grasbewachsenen Grat führen nach Süden direkt auf diese herrliche Bergkulisse zu. Unterhalb des Nafingköpfls quert man durch eine Art Hochmoor und steigt zu den Nafingalmen hinab.

... und butterweicher Abstieg auf dem grasigen Kamm, der vor dem Gegenanstieg zum Nafingköpfl (der Berg mit dem kleinen Schneefeld) nach rechts verlassen wird.

Dieser markante Quellbach oberhalb der Fideriss-Hochalm dient als wichtige Orientierungshilfe beim Anstieg zum Hohen Kopf.

Anfahrt

Auto Inntalautobahn A 12 Ausfahrt Vompp, weiter bis Pill, Abzweig Weerberg und bis zum Talschluss nach Innerst

Charakter

Einsame Wanderung im Almgebiet des Weerbachtals. Nach kurzer Wald-passage verläuft der Anstieg überwiegend in weitläufigem Weide- und Gras-gelände. Zwischen deutlichen Pfadspuren verliert sich der Weg immer wieder, vor allem beim Abstieg in das Nafingtal ist gute Orientierung gefragt.

Bike

Von Innerst bis zum Abzweig Albl / Fideriss und zurück (5 km; Wegersparnis 1 Std.)

Info

Die Tour eignet sich ideal in Kombination mit der Wanderung auf das Hobarjoch (siehe S. 144).

Einkehr/Übernachtung

Weidener Hütte (1799 m), Tel. ++43-676-7395997, Anfang Juni bis Ende Oktober

Route

Innerst → Alpl (1 Std.) → Fideriss-Niederalm (1 ¼ Std.) → Fideriss-Hochalm (2 ¼ Std.) → Hoher Kopf (3 Std.) → Nafingalm (4 Std.) → Weidener Hütte (4 ½ Std.) → (Innerst (6 Std.))

Vom Parkplatz zum Nurpensbach absteigen und in das **Nafingtal** wandern (Ww. Weidener Hütte) → vom Forstweg links in den Karrenweg (Ww. Albl/Fideriss) → am Waldrand Almweg geradeaus überqueren und auf dem Grasband in südöstlicher Richtung zum Albl leicht ansteigend empor (Steigspuren) → oberhalb der Almhütten Aufstieg zur sichtbaren **Fideriss-Niederalm** → ▮ in der Hang-Direttissima dem Bachlauf folgen → ▮ den Almweg direkt überqueren und am großen Steinmandl vorbei erst in Nähe des Bachs über die Wiese, dann auf gutem Steig durch lichten Zirbenwald aufwärts → an einer Weggabelung links zum **Fideriss-Hochleger** → ▮ oberhalb der Almhütten dem Bach bis zu seiner **Quelle** folgen und halbrechts, die Felsen links umgehend, durch ein Mini-Tälchen zum **Hohen Kopf** empor (Pfadspuren) → vom Gipfelkreuz auf dem Grat über kleine Geländeköpfe in Richtung Süden (Pfadspuren) → ▮ am Gratansatz zum **Nafingköpfl** rechts in die Wiesen-Hochebene absteigen und weglos zwischen Nafingköpfl und Steilhang südwärts zum Almweg an den **Nafingalmen** queren → Abstieg zur **Weidener Hütte** und ggf. nach Innerst

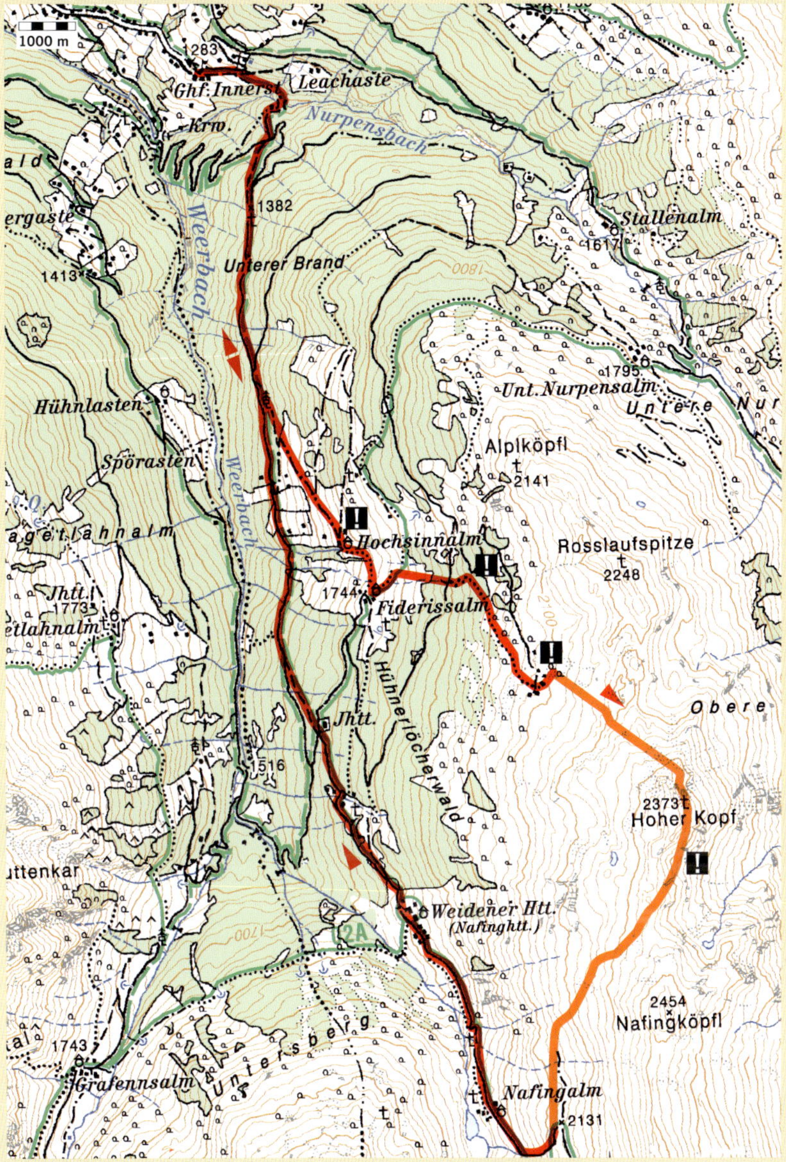
1000 m
Ghf. Innerst
Leachaste
Nurpensbach
Krw.
Weerbach
1382
Stallenalm
1617
Unterer Brand
1413
1795
Unt. Nurpensalm
Untere Nur
Hühnlasten
Alplköpfl
2141
Spörasten
Hochsinnalm
Rosslaufspitze
2248
1744
Fiderissalm
Jhtt.
Hühnerlöcherwald
Obere
1516
2373
Hoher Kopf
Weidener Htt.
(Nafinghtt.)
2A
2454
Nafingköpfl
1743
Grafennsalm
Untersberg
Nafingalm
2131

Viele Stunden Einsamkeit

Überschreitung des Hobarjochs

Der breite Westgrat des Hobarjochs führt direkt auf die markante Hippoldspitze zu.

Wo die schmackhaften Pfifferlinge wachsen, will uns Hüttenwirt Thomas Hussl dann doch nicht verraten. Erst kredenzt er sie uns in Kombination mit einer üppigen Portion Nudeln, dann hüllt er sich in Schweigen. „In den Wäldern", meint er bei einer zweiten Nachfrage geheimnisvoll, als ob wir die Fundorte am nächsten Morgen gleich stürmen würden! Die Überschreitung des Hobarjochs verläuft ab der Weidener Hütte ohnehin oberhalb der Waldgrenze, keine Gefahr also für den lokalen Schwammerlbestand.

Auch bezüglich des Hobarjochs geizen die Hüttenleute mit Informationen. Was wohl daran liegt, dass selbst die Einheimischen den Berg allenfalls im Rahmen einer winterlichen Skitour besteigen. Im Sommer hingegen streben nur wenige Wanderer dem aussichtsreichen Gipfel zu. Bis zum kreuzgeschmückten Hubertusspitz führt ein schöner Steig die Hänge empor, dann ist selbstständiges Gehen angesagt. Grundsätzlich orientiert man sich am breiten, später abschüssiger werdenden Nordgrat; stellen sich Felsköpfe als natürliche Barrieren in den Weg, weicht man meist westlich in das Hanggelände aus. Zuletzt geht es auf einem Felsband zwar etwas luftig, aber unschwierig hinab, bevor der Schlussanstieg erfolgt.

Eine phänomenale Gipfelrundsicht ist bei gutem Wetter garantiert! Grandios etwa der Anblick der Zillertaler Alpen im Süden. Richtung Westen zieht der Grat über den Almkogel in Richtung Hippoldspitze, genau unsere Route! Leider verliert sich der Pfad nach dem ersten kurzen Abstieg: In der kleinen Einsattelung verzichten wir auf den Gegenanstieg, steigen zu den kleinen Seen ab und erreichen in steilen Kehren den Almkogel. Hier grasen in den weitläufigen Gipfel- und Enzianwiesen Kühe. Rötliches Schiefergestein erfreut unser Auge, bevor es vom markanten Sattel über

eine grasbewachsene Steilstufe abwärts geht. Stets im Blick ist der Almweg, der uns später in vielen Kehren zur Grafensalm hinabführt; unterhalb der Geländemulde quert ein Pfad zu den roten Felsen hinüber und mündet in unseren Abstieg.

Das rötliche Schiefergestein sammelt sich nicht nur in den Bachläufen.

Anfahrt

Auto Inntalautobahn A 12 Ausfahrt Vompp, weiter bis Pill, Abzweig Weerberg und bis zum Talschluss nach Innerst

Charakter

Da die Überschreitung des Hobarjochs im oberen Gratbereich größtenteils weglos verläuft, sind alpine Erfahrung, Orientierungssinn und Trittsicherheit unbedingt vorauszusetzen. Eine kurze, ausgesetzte Kletterstelle (I+) am Nordgrat kurz vor dem Gipfel! Großartige Fernblicke vom langgezogenen Grat!

Info

Die Tour eignet sich ideal in Kombination mit der Wanderung auf den Hohen Kopf (siehe S. 140).

Bike

Von Innerst auf dem Fahrweg zur Weidener Hütte (Hin- und Rückweg ca. 11 km; Wegersparnis 2 ½ Std)

Einkehr / Übernachtung

Weidener Hütte (1799 m), Tel. ++ 43 - 676 - 739 59 97, Anfang Juni bis Ende Oktober

Route

Weidener Hütte → **Nafingsee (20 Min.)** → **Hubertusspitz (1 Std.)** → **Hobarjoch (2 Std.)** → **Almkogel (2 ¾ Std.)** → **Almweg (3 ¼ Std.)** → **Grafensalm (4 Std.)** → **Weidener Hütte (4 ½ Std.)** → **Innerst (5 ¾ Std.)**

Von der **Weidener Hütte** Almweg Richtung Rastkogel → nach der Serpentine rechts Abzweig zum **Nafingsee** (Ww. Hubertusspitz) → am See-Ende den **Nafingbach** überqueren und in nordwestlicher Richtung den Hang empor → am **Almkreuz** nach Südwesten auf den **Hubertusspitz** → **‼** vom Gratrücken schräg rechts in die Mulde und den ersten Geländekopf rechts umgehen (Steigspuren) → **‼** querfeldein an geeigneter Stelle links zum **Grat** hoch → weiter stets auf dem **Nordgrat** oder knapp darunter halten → **‼** den vorletzten **Geländekopf** links, den letzten rechts auf dem Fels- und Grasband, etwa 10 m absteigend, umgehen (abschüssiges Gelände, I+) und unschwierig auf das **Hobarjoch** → auf dem Grat Pfadspuren nach Westen → **‼** vor dem nächsten Aufschwung links zu den kleinen Seen absteigen und unterhalb des Grates über Gras und Blockwerk zu der Einsattelung queren → Serpentinensteig auf den **Almkogel** und am Grat auf Steigspuren zu der **Grasscharte** hinab → **‼** von der Scharte weglos rechts die anfangs steile Grasrinne in die **Geländemulde** hinab → etwas unterhalb der Mulde auf dem klar erkennbaren Steig nach links erst absteigend, dann fast eben zum **Almweg** queren → Abstieg auf dem Almweg zur **Grafensalm** und auf markiertem Weg über die **Weidener Hütte** nach **Innerst**

Nach Passieren des steilen Gratkopfes
geht es über ein kleines Schneefeld
zum Hobarjoch empor.

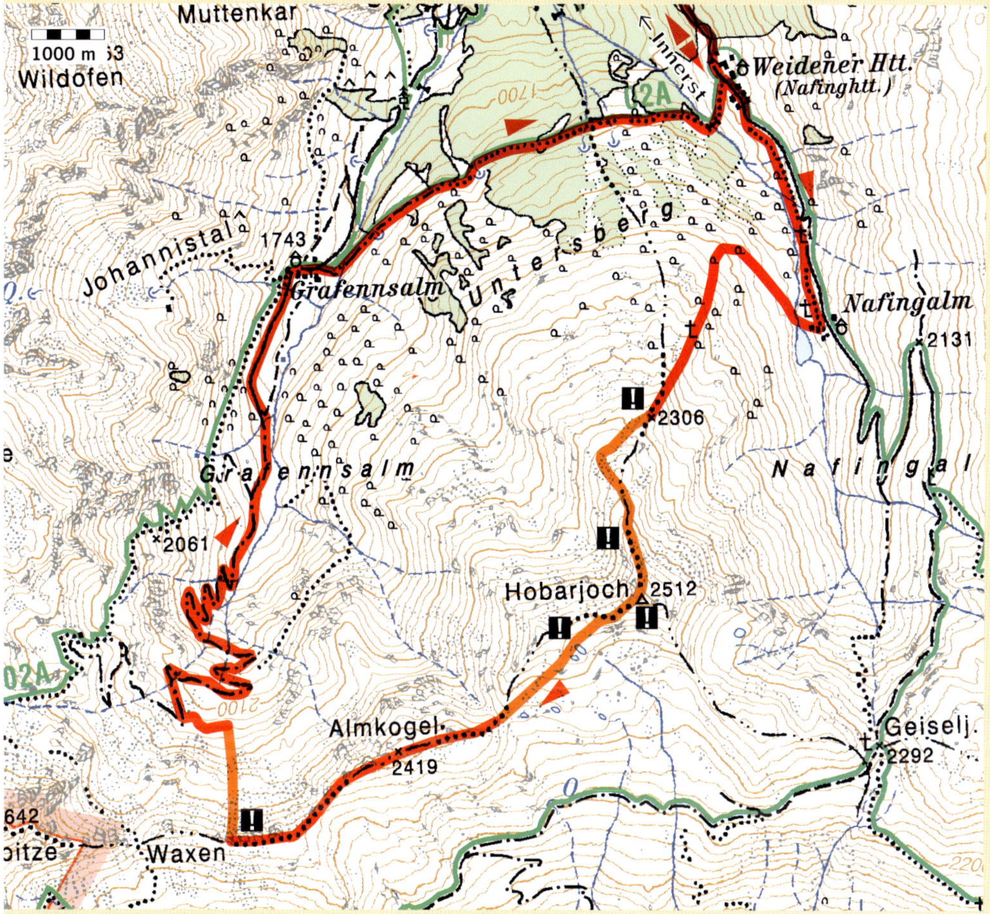

Zirbenwald, Schafweide, Weitblick

Vom Lüsenstal auf den Roten Kogel

In der Alpinliteratur wird der Rote Kogel äußerst stiefmütterlich behandelt. „Für den Bergsteiger ohne Bedeutung", ist da zuweilen zu lesen, sofern man den Berg überhaupt im Register eines Gebietsführers findet. Tatsächlich stellt der Berg keinerlei alpinen Ansprüche, man könnte ihn auch mit gebundenen Händen erreichen. Andererseits wandert man zu hundert Prozent auf einsamen Bergpfaden, die stolze 1200 Höhenmeter überwinden und sich oberhalb des wunderschönen Zirbenwalds in den Schafweiden verlieren. Dazu genießt man vom großzügigen, immerhin 2832 Meter hohen Gipfelbalkon ein grandioses Panorama, in dessen Mittelpunkt der mächtige Lüsenser Fernerkogel steht.

Die Pfade sind im Wiesengelände zwar kaum erkennbar, aber die Markierungen lassen keine Wünsche offen.

F ür die Besteigung bietet sich der Hochsommer an, wenn der Schnee im Hochgebirge geschmolzen ist und die roten Bodenmarkierungen zu erkennen sind. Bei zeitigem Aufbruch ist die Tour auch an sogenannten Hundstagen zu empfehlen, da der Anstieg komplett über die Westflanke erfolgt und am Gipfelkamm meist ein frisches Lüfterl weht.

Oberhalb der Aflinger Alm lichtet sich das Gelände deutlich, über märchenhaften Zirbenwald quert man zum Gallawieser Hochleger. Von hier geht es mit herrlichem Blick auf den Lüsenser Fernerkogel auf einem begrasten Rücken empor. Nach Querung eines schönen Grasbalkons wandert man in direkter Linie zu den kargen Schafweiden hinauf, die sich in einem Hochkar nördlich des Roten Kogels ausbreiten. Über eine letzte mit reichlich Schutt gefüllte Geländestufe erreicht man schließlich den Gipfelkamm und das nahe Kreuz.

Während der Gipfelgrat nach Süden zum Gallawieser Mittergrat durchaus anspruchsvoll ist, grenzt im Norden ausschließlich einfaches Gelände an. Man könnte die Wanderung somit weg- und problemlos über die mit Gras und Schrofen

durchsetzten Graterhebungen Auf Sömen und Hühnereggen fortsetzen, um dann an geeigneter Stelle Richtung Juifenalm abzusteigen. Für diese überaus einsame Grattour müsste man jedoch gut zwei Stunden mehr an Zeit einplanen.

Wir begnügen uns mit der Abstiegsvariante Richtung Juifenalm, ohne diese letztlich anzupeilen. Hierfür hält man sich an der Weggabelung in den Schafweiden geradeaus

und quert die flachen Wiesenhänge mit dem Namen Auf den Sömen in leichtem Abstieg nordwestwärts. Nach rund 40 Minuten erreicht man einen weiteren Wegverzweig, wo man sich links hält. Der Pfad windet sich idyllisch durch dichte Heidekraut- und Mehlbeersträucher und quert zuletzt südwärts über drei Bäche zum Aufstiegsweg hinüber, der rasch in den Talgrund zurückführt.

Der das Tal beherrschende Lüsenser Fernerkogel mit seinen weitläufigen Gletschern; links im Hintergrund der Schrankogel

149

Maronenröhrlinge im Überfluss am Wegesrand: Das Abendessen in unserer Lüsenser Unterkunft ist gesichert …

Anfahrt

Auto A 95 und B 2 über Garmisch, Mittenwald und Zirler Berg ins Inntal und über Sellrain nach Gries, im Ort und an der folgenden Straßengabelung links Richtung Lüsens, unterhalb von Praxmar Parkplatz „Moos" an einem kleinen See

Charakter

Einfache, gut markierte Bergwanderung auf abwechslungsreichen Pfaden durch schönen Zirbenwald und über weite Almwiesen. Aufgrund der Höhe eine ideale Hochsommertour, die jedoch stabiles Wetter erfordert.

Übernachtung im Tal

Gasthof Zum Alpenverein, Juifenau (2 km oberhalb von Gries), Tel. ++43-52 36-214

Route

Parkplatz Lüsenser Tal → Aflinger Alm (½ Std.) → Weggabelung Gallwieser Hochleger (1 ¼ Std.) → Weggabelung Schafweide (2 ¼ Std.) → Roter Kogel (3 Std.) → Weggabelung Juifenalm (4 Std.) → Parkplatz (5 ½ Std.)

Gegenüber vom Parkplatz über eine Brücke in den Wald und dem Steig bis zu einer Lichtung an der **Aflinger Alm** folgen → weiter ostwärts über eine Feuchtwiese mit Bach → an der Weggabelung rechts durch schönen **Zirbenwald** mit Querung nach Süden → an der Weggabelung am **Gallawieser Hochleger** links über den breiten Rücken empor → ⚠ an einem Geländeband quert der Weg ca. 200 m fast eben nach Norden und zieht dann wieder gen Osten den Hang hinauf (hier weglos, aber klare Markierungen) → an der Weggabelung rechts über die flache **Schafweide** zum Kamm und durch eine mit Plattenschutt gefüllte Rinne zum weitläufigen **Gipfel** → zurück zur Weggabelung an der Schafweide und ⚠ geradeaus über flache Wiesen nach Nordwesten absteigen (Ww. Juifenalm; nur Pfadspuren; Markierungen beachten!) → an der Weggabelung links halten (Ww. Lüsens/Praxmar) → der Pfad führt anfangs steil durch dichte Strauchvegetation hinab und quert drei Bäche → an der Weggabelung rechts (Aufstiegsroute) und ins **Lüsenser Tal** absteigen

*Gipfelblick zu den Kalkkögeln
(rechts im Bild die Schlicker Seespitze)*

Moos-Steinbrech auf Glimmerschiefer

Gratüberschreitung am Zischgeles

Zyniker bezeichnen den Zischgeles gerne als „kargen Schuttberg", den man dank seiner rassigen Hänge vorzugsweise als Skitour begeht. Tatsächlich wirkt der Berg von Praxmar wie ein grauer Koloss, der noch dazu etwas im Schatten benachbarter Stubaier Gipfelgrößen steht. Doch wer am felsigen Gipfelgrat die quarzhaltigen Minerale des Glimmerschiefers in der Sonne blitzen sieht, ein Auge für die blühende Hochgebirgsflora hat und am oft verwaisten Gipfelkreuz das famose Stubaier Gletscherpanorama auf sich wirken lässt, wird die Wanderung auf diesen einfachen Dreitausender lange in schöner Erinnerung behalten.

D abei empfehlen wir als Anstieg unbedingt den gut markierten Wanderweg 32, der um den Oberstkogel herum direkt über den langen Ostgrat zum Zischgeles hochzieht. Auf diese Weise genießt man bereits beim Aufstieg die phantastische Aussicht und spart sich die monotonen Schuttkare für den Abstieg auf. Eine sehr lohnende Variante, die den Skifahrern bedingt durch die Querung steilster Südhänge übrigens verborgen bleibt. Und wie häufig auf unseren einsamen Wegen ernten wir auch dieses Mal wieder unterhalb der Schäfalm einen monströsen Steinpilz, obwohl es dort kaum Bäume gibt. Während der inklusive Pausen acht Stunden am Berg werden wir exakt zwei Menschen treffen, und das an einem sonnigen Augusttag mitten in den bayerischen Sommerferien!

Praxmar liegt bereits auf knapp 1900 Meter Höhe, weshalb man von Anfang an über freies Gelände wandert. Rasch erreicht man die Schäfalm und den

Steinbrechblüten, soweit das Auge reicht: Hier kann man einfach nicht achtlos vorübergehen …

von zahlreichen Alpenrosen umgebenen Almbach. Dann führt der hervorragend angelegte Steig links aus dem Bergkessel heraus und nähert sich mit schönem Blick auf das Lüsenstal dem Oberstkogel von Nordosten an. Ein Abstecher führt über die Gratschulter direkt zum Gipfel, während der Weg zum Zischgeles an der steilen Südflanke quert. Nach einer kurzen Steilstufe erreicht man zwischen den Gipfeln den im Bereich der Einsattelung einladend breiten Grat.

Vor uns breitet sich eine Trümmerwüste aus Gneis und Glimmerschiefer aus. Die Mineralkörner des Gesteins – oder wie Geologen sagen: die silbrig glänzenden Kaliglimmer – blitzen im Sonnenlicht und sind somit mit bloßem Auge leicht erkennbar. Einzelne schneeweiße Quarzbrocken heben sich ebenso wie die durch Verwitterung braunrot gefärbten Schieferplatten vom Einheitsgrau des Glimmerschiefers ab, der für den Zischgeles so typisch ist. Je höher der Verwitterungsgrad des Gesteins fortgeschritten ist, desto leichter ergreift die Vegetation Besitz davon. Typische Polsterpflanzen wie der Moos-Steinbrech finden dem hochalpinen Klima zum Trotz ihren idealen Lebensraum vor. Auch der Taubensteinbrech und das stängellose Leimkraut gedeihen in geschützten Felsnischen prächtig.

Nach der kurzen geologisch-botanischen Erkundung stoßen wir in hochalpines Gelände vor. Der Ostgrat steilt in Richtung Gipfelkreuz immer mehr auf. Man quert unterhalb einer gewaltigen, schrägen Wandplatte, kurz vor Erreichen des Gipfels hilft eine Eisenkette über eine kleine Kletterstelle hinweg. Dutzende benachbarte Dreitausender-Gipfel reihen sich im Süden und Westen aneinander. Noch beeindruckender als der Lüsenser Fernerkogel, der Brunnenkogel, der Schrankogel und

der entfernte Habicht präsentiert sich die nahe Vordere Grubenwand mit ihrer prächtigen Nordostwand; etwas rechts von ihr taucht im Hintergrund die Ötztaler Wildspitze auf.

Der Abstieg erfolgt mit herrlichem Tiefblick auf einen türkisfarbenen Bergsee über leichtes Blockwerk am Nordgrat, den man nach gut einer Viertelstunde rechts in Richtung des breiten Schuttkars verlässt. Am Ende des markanten Hochplateaus geht es vom Satteljoch eine Steilstufe in das Kamplloch hinab und anschließend über die Weiden der Moarleralm nach Praxmar zurück.

Je mehr man sich dem Zischgeles annähert, desto abschüssiger wird sein Grat.

Lüsenser Fernerkogel 3298 m
Ruderhofspitze 3473 m
Vorderer Brunnenkogel 3306 m
Hinterer Brunnenkogel 3325 m
Schrankogel 3497 m
Längentalferner
Schöntalspitze 3008 m
Längentaler Weißenkogel 3218 m
Bachfallenferner

Seeblaskogel 3235 m

Zischgenferner

Vordere Grubenwand 3165 m
Hintere Grubenwand 3175m

Ötztaler Wildspitze 3770 m

Gleirscher Fernerkogel 3194 m

Gleirscher Ferner

Breiter Grieskogel 3287 m
Grieskogelferner

Südl. Sonnenwand 3094 m

Larstigknoten-Spitze
3084 m

Oberer
Sonnenwandsee

155

*Verwitterte Schiefer-
platten beim Abstieg
vom Satteljoch*

Anfahrt

Auto A 95 und B 2 über Garmisch, Mittenwald und Zirler Berg ins Inntal und über Sellrain nach Gries, im Ort links in das Lüsenstal und an der folgenden Straßengabelung rechts nach Praxmar hinauf, großer Parkplatz am Ortsende

Charakter

Aussichtsreiche Gipfelüberschreitung an einem der leichtesten Dreitausender der Stubaier Alpen. Die Steige sind durchwegs gut markiert und leicht zu finden. Im Gipfelbereich leichte Kletterstellen, hier sind Trittsicherheit und Schwindelfreiheit erforderlich. Vorsicht vor der Sonneneinstrahlung im Hochsommer (kaum Schatten).

Route

Praxmar → **Schäfalm** (½ Std.) → **Weggabelung Oberstkogel** (1 ¾ Std.) → **Gratschneide** (2 ½ Std.) → **Zischgeles** (3 ¼ Std.) → **Satteljoch** (4 ½ Std.) → **Moarleralm** (5 ½ Std.) → **Praxmar** (6 Std.)

Von **Praxmar** auf bezeichnetem Steig über Almwiesen nach Süden (Ww. Oberstkogel) → an der **Schäfalm** vorbei in den Bergkessel unterhalb des Oberstkogels und links aus ihm hinaus → den **Oberstkogel** in weitem Bogen an dessen Südseite umwandern und über eine kurze Steilstufe auf den breiten **Gratrücken** → anfangs flach über einzelne Geländestufen, dann zunehmend steil am teils abschüssigen Ostgrat zum **Gipfelkreuz** empor → Abstieg über leichtes Blockwerk auf dem **Nordgrat** und, diesen rechts verlassend, über steilen Plattenschutt in das weite **Hochplateau** hinab → entlang des Bachs zum **Satteljoch** und rechts eine weitere Steilstufe zu den Almwiesen hinab → den begrasten Berghang querend zur **Moarleralm** absteigen → auf dem Almweg kurz links und rechts in Richtung **Praxmar**

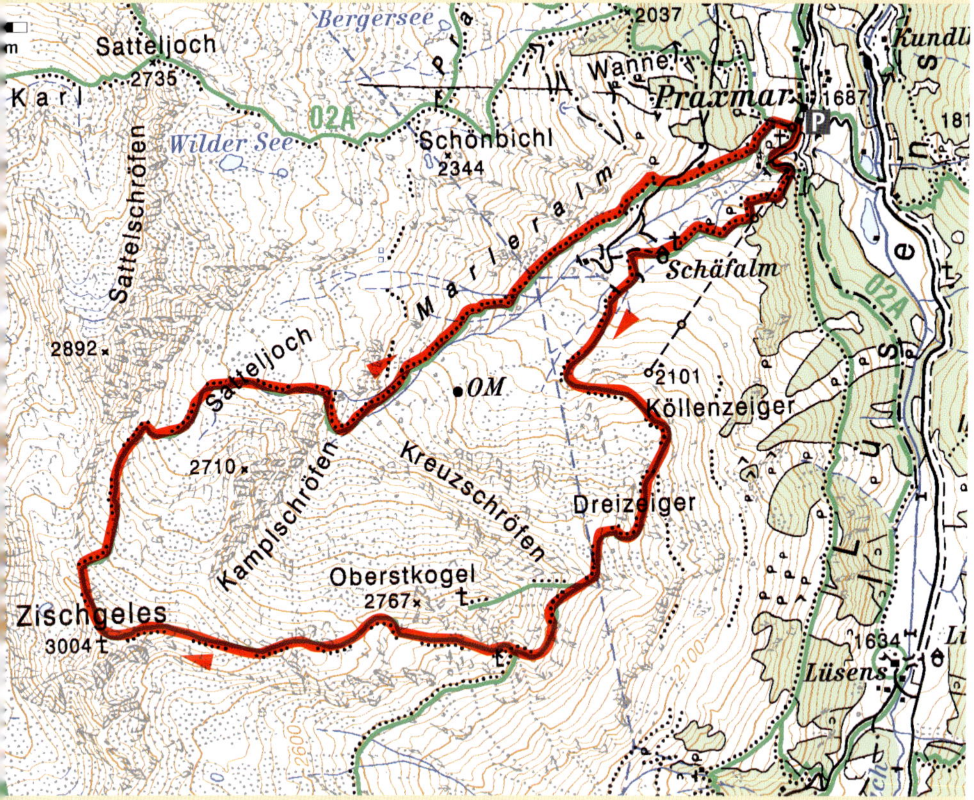

Der Schlussanstieg erfolgt
über plattiges Gestein.

Sämtliche Wandervorschläge und Berggipfel wurden vom Autor sorgfältigst recherchiert und bestimmt. Für die Richtigkeit der Angaben kann jedoch keine Haftung übernommen werden. Hinweise und Anregungen sind jederzeit willkommen. Wir freuen uns auf Ihre Zuschrift.

Impressum

frischluft | edition
Verlag GbR
Raiffeisenstraße 2
83629 Neukirchen bei Weyarn

Telefon	0 80 20 / 90 45 - 42
Telefax	0 80 20 / 90 45 - 43
E-Mail	info@frischluftedition.de
Internet	www.frischluftedition.de

Autor	Michael Reimer
Grafikdesign	Katrin Susanne Baur
Druck / Repro	Lanadruck GmbH
Karten Deutschland:	Digitale Topographische Karte 1 : 50000, © Landesamt für Vermessung und Geoinformation Bayern, Nr. 0234 / 10
Karten Österreich:	© BEV 2010, Vervielfältigt mit Genehmigung des BEV – Bundesamtes für Eich- und Vermessungswesen in Wien, T2010/62551

Bildnachweis

Alle Aufnahmen Michael Reimer außer

Katrin Susanne Baur: U1u, U4o, S. 2 (r.u.), 51, 77, 96

ISBN 978-3-9812991-2-0

1. Auflage: © 2010 frischluft | edition, Verlag GbR
Alle Rechte vorbehalten.

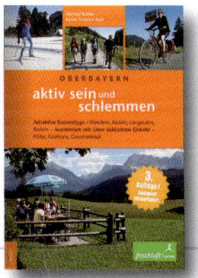
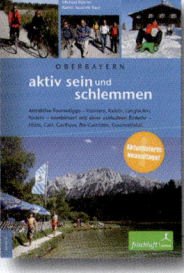

A

Achensee 76
Almkogel 144
Amtssäge 70
Aschau 136
Auerspitz 92

B

Bayerkarspitze 56
Biberwier 32
Brandelberg 106
Brunnenkopfhäuser 22
Brunnenstein 64

D

Dreisäulerkopf 22

E

Eschenlohe 42

F

Fall 50
Fermerskopf 56
Frechjoch 100

G

Galgenstangenkopf 56
Gamsknogel 110
Gebra 130
Geierkopf, Mittlerer 8
Geierkopf, Westlicher 8
Gleirsch, Hoher 70
Graswang 16
Grießberg 28

H

Handschuhspitze 32
Heimgarten 46
Hennenkopf 22
Hennererhof 90
Herzogstand 46
Hinteriss 60
Hobarjoch 144
Hochgeschirr 126
Hochunnutz 76
Hochwannig 32
Hoher Kopf 140

I

Innerst 140, 144

K

Kieneckspitz 16
Kienjoch 16
Kloo-Aschertal 97
Königssee 118, 126
Kotzen 50

L

Lahnenkopf 90
Laubeneck 22
Lautersee 39
Linderhof 22
Lüsenstal 148, 152

M

Maroldschneid 92
Mittenwald 38
Möslalm 70

N

Nassereither Alm 33

O

Ölrain 42
Östliches Torjoch 50
Oswaldhütte 56
Osterfeuerspitze 42

P

Plansee 9
Platteneck 82
Praxmar 152
Priental 106
Pürschlinghaus 23

R

Rettenstein, Kleiner 136
Risserkogel 86
Roter Kogel 148
Rotwandlspitze 64

S

Scharnitz 64, 70
Schildenstein 82
Schliersee 90
Schlumkopf 127
Schneibstein 126
Schönfeldjoch 96
Sillberghaus 93
Soinsee 93
Stahlhaus 127
Steinbergalm 114
Stierjoch 50
Strohnschneid 114

T

Teufelshorn, Großes 118
Teufelstättkopf 22
Thalerjoch 100
Torkopf 60
Torscharte 60

V

Vorderunnutz 76
Veitsberg 100

W

Walchensee 46
Wasseralm 118, 126
Weidener Hütte 140, 144
Weitalpspitz 12
Wettersteinspitze, Obere 38
Wildbad Kreuth 82
Wildenkarjoch 96
Windschartenkopf 127

Z

Ziegspitz, Hoher 26
Zinnenberg 106
Zischgeles 152
Zwiesel 110